AF459891

CHRESTOMATHIE ÉGYPTIENNE.

AVIS.

La lithographie n'ayant pas donné un résultat satisfaisant pour le premier fascicule de la *Chrestomathie égyptienne,* l'éditeur s'est décidé à recourir à la typographie. Le premier fascicule sera réimprimé après la publication du dernier de la grammaire et livré aux souscripteurs en échange du fascicule lithographié.

LIBRAIRIE A. FRANCK (F. VIEWEG),

RUE RICHELIEU, 67.

CHRESTOMATHIE ÉGYPTIENNE

PAR

M. LE VICOMTE DE ROUGÉ.

ABRÉGÉ GRAMMATICAL.

DEUXIÈME FASCICULE.

PARIS.

IMPRIMERIE IMPÉRIALE.

M DCCC LXVIII.

ABRÉGÉ GRAMMATICAL.

SECTION DEUXIÈME.

DES NOMS.

DU SUBSTANTIF, DE L'ARTICLE, DE L'ADJECTIF, DES PRONOMS, DES NOMS DE NOMBRE ET DES ADJECTIFS NUMÉRIQUES.

La partie de cette étude que nous consacrons à la grammaire de la langue égyptienne sera nécessairement incomplète. L'état actuel de la science nous obligera sans doute d'y laisser beaucoup de lacunes; mais on peut espérer que les discussions insérées successivement dans la Chrestomathie en diminueront l'étendue. Malheureusement il est un autre obstacle, d'une nature permanente, au perfectionnement de nos connaissances sur ce point : le système imparfait de la notation graphique pour le son des voyelles[1] nous dérobe la connaissance d'une foule de nuances grammaticales. Nous sommes dans la position d'une personne qui étudierait des textes hébreux, rendus tout à coup à la lumière, sans le secours d'aucune tradition analogue à la Massore. Il résulte de cette fâcheuse condition que des différences très-réelles entre diverses formes d'un même radical n'apparaissent pas dans l'écriture, et qu'il nous sera souvent impossible de tracer leurs règles. Dans les textes d'une ré-

[1] Voyez ci-dessus, n° 25, pour le vague des voyelles. Les textes phéniciens sont dans le même cas; mais les grammaires hébraïques et araméennes bien connues leur prêtent un secours qui nous manque pour l'égyptien.

daction simple, la marche de la phrase égyptienne est ordinairement assez claire pour prévenir les contre-sens, résultat presque forcé de la confusion des formes; mais il en est tout autrement dans les morceaux d'un style plus relevé : les ellipses et les inversions s'y multiplient, et l'on a souvent l'occasion de regretter une détermination plus précise de la prononciation, qui pourrait lever toute équivoque. Le copte est d'ailleurs placé à un degré un peu éloigné, dans les évolutions de la langue, pour que les voyelles de ses divers dialectes puissent être restituées par nous avec confiance dans l'orthographe des mots antiques.

DU SUBSTANTIF.

115. Le substantif ne se distingue pas ordinairement du radical pur par une forme particulière qui apparaisse toujours dans l'écriture. Le radical lui-même subit un certain nombre de modifications que nous étudierons avec soin à la section des verbes[1]. Les substantifs reproduisent parfois ces formes secondaires; mais comme elles dérivent des formes verbales et n'ont rien de spécial à la qualité de substantif, nous n'en parlerons en ce moment que pour mémoire. Ce sont des substantifs analogues aux formes secondaires *kenen* « valeur, » *kenken* « combat, » du type *ken;* *setet* « parole, » du type *tet*.

116. Le principe de la formation des substantifs qui se présentent dans l'écriture, sans addition apparente au radical, peut être apprécié approximativement à l'aide des nombreux changements de voyelles que cette même formation amène encore dans le copte[2]. On peut, malgré leur variété, les réduire à un petit nombre de classes :

[1] Voy. Brugsch, *Dictionnaire égyptien*, etc. Einleitung, p. VIII.

[2] Comp. la *Gramm. copte* de Schwartze, au chapitre des noms, et surtout une

1° Des substantifs assez nombreux conservent la même forme que le type verbal; exemple : ⲕⲓⲙ « mouvement, » comparé à ⲕⲓⲙ « mouvoir. »

2° D'autres substantifs subissent un changement vocal intérieur, comme ϩⲃⲟⲥ « vêtement, » comparé à ϩⲱⲃⲥ « couvrir. » Les cas sont très-variés et pourraient difficilement être réduits en règles; on peut cependant remarquer, d'une manière générale, que la tonique a dû se déplacer. Ces deux classes devaient exister dans la langue antique; mais ce que nous avons expliqué des imperfections du système graphique pour les sons-voyelles nous empêche d'en définir les traces.

117. Les substantifs coptes sont aussi formés par des additions au radical, sous forme de préfixes ou de suffixes.

L'addition la plus simple est celle d'une voyelle finale, ordinairement ⲓ ou ⲉ; exemple : ⲡⲓ-ⲣⲁϧⲓ « le laveur, » ⲣⲱϧ « laver. » Cette formation se retrouve fréquemment dans l'égyptien; elle est caractérisée par les finales 𓇋 *à*, 𓇌 *i*, qui varient entre elles dans le même mot; exemples : [hiéroglyphes] *ḥesi* « chanteur, » [hiéroglyphes] *keri* « malfaiteur. » Ainsi employée, la finale *i* caractérise les adjectifs verbaux intimement liés à cette sorte de substantifs; mais la faculté d'omettre dans l'écriture les voyelles, même finales, voile souvent l'existence réelle de la terminaison.

118. Un certain nombre de substantifs masculins prennent, en copte, le suffixe ϥ; exemple : ⲛⲟϩⲉⲃ « atteler deux chevaux au char » (en égyptien [hiéroglyphes] *naḥeb*, même sens), comparé à ⲛⲁϩⲃⲉϥ « joug. » Cette forme n'était pas usitée dans la langue antique; peut-être néanmoins peut-on trouver un cas analogue dans [hiéroglyphes] *àtef* « père, » comparé au copte ⲓⲱⲧ (radical *àt*). On remarque

étude remarquable de Veit Valentin intitulée *Die Bildung des coptischen Nomens*, Göttingen, 1866.

bien un certain nombre de mots qui paraissent composés par addition de *f* à un radical plus simple, mais cette addition n'est pas alors restreinte au substantif[1].

L'addition d'un ⲥ final, dans certains substantifs féminins, est corrélative à la précédente; exemple : ϩⲁⲧⲃⲉⲥ « tuerie, » de ϩⲱⲧⲃ « tuer. » L'origine de ces additions est claire, ce sont les suffixes ϥ, ⲥ, caractérisant la 3e personne du singulier.

119. Le ⲥ final se remarque aussi, en copte, dans un petit nombre de mots masculins; exemple : ⲡ-ⲁⲡⲥ « le nombre, » de ⲱⲡ « compter. » Il provient probablement, en pareil cas, du suffixe antique pour le neutre qui est le féminin *s*, ayant souvent pour variante le pronom commun aux deux genres *su*. Cette finale apparaît dans le substantif *tatasu*[2] « chef » comparé à *tata* « tête » (en copte ϫⲱϫ). Ce *su* final a souvent *si* pour variante, ce qu'explique le vague de la voyelle.

120. Une autre classe de noms se forme, en copte, par l'addition d'un *t* final, vocalisé de diverses façons : ⲧ, ⲧⲉ, ϯ, ⲏⲧ, ⲟⲩⲧ. Ces deux dernières finales sont de véritables formes de participes; exemple : ϩⲁⲗⲏⲧ « oiseau (volant), » de ϩⲱⲗ « voler. » Les formes ⲧ, ⲧⲉ, ϯ ont probablement la même origine, dissimulée par l'abréviation.

Du radical *ḥā* « commencement, » en copte ϩⲁ, ϩⲏ, se tirent les formes *ḥā-t* « devant, commencement, » et les mots coptes ϩⲟⲩⲉⲓⲧⲉ « commencement, » ϩⲟⲩⲓⲧ, ϩⲟⲩⲓϯ « premier, première. »

Dans la langue antique, on trouve quelquefois aussi un *t*

[1] Certains noms propres terminés par *f* sont des composés qui seront expliqués plus loin. Voyez n° 137.

[2] Pour le rôle non phonétique de dans ce mot, voyez le n° 106, ci-dessus, première section.

ajouté au radical, comme dans rexet « énumération, comput, » comparé à rex « connaître; » mais plus souvent encore les finales *tu*, *ut*, sont ajoutées après le radical et même après le déterminatif, de manière qu'on n'y peut méconnaître la finale des participes.

Dans le démotique, ce *t* final s'écrit également après le déterminatif et se détache ainsi du radical.

121. Le copte possède aussi une classe de substantifs composés par l'addition de divers préfixes :

1° ⲁⲛ, ⲉⲛ; exemple : ⲉⲛϣⲱⲧ « marchand; » c'est l'addition au radical ϣⲱⲧ « commercer » de la particule attributive *en*, copte ⲛ̄. Cette forme ne paraît avoir été usitée anciennement que pour les adjectifs.

2° La particule ⲣⲉϥ « celui qui fait, l'agent; » son addition pour former des substantifs est également récente. Son origine se trace par la locution démotique *p-rem-auf* « l'homme qui . . . . .[1] » dont elle doit être la contraction.

3° Le préfixe ⲥⲁ indique, en copte, un nom de métier : ⲥⲁⲛⲟⲓⲕ « boulanger, » de ⲟⲓⲕ « pain. » Je crois que ce préfixe ⲥⲁ a pour origine le mot antique *se* « un homme, un individu. » Tous ces substantifs désignent plus ou moins expressément des qualificatifs; la langue antique ne distinguait ces sortes de noms par aucune addition; les noms de métier s'y présentent, comme les autres, sous la forme simple du radical, ou avec l'addition de l'*i* final.

122. Le préfixe privatif ⲁⲧ produit en copte des substantifs et des adjectifs négatifs tels que ⲁⲧⲉⲓⲱⲧ « sans père, » ⲁⲧⲏⲡⲉ « innombrable. » La langue égyptienne faisait usage d'un composé semblable. La particule ⲁⲧ ne paraît pas autre chose que la négation

[1] Voyez Brugsch, *Grammaire démotique*, n° 153.

égyptienne [hiéroglyphe], variante [hiéroglyphe] *ànti,* dont la nasale est tombée. Elle formait des noms complexes comme [hiéroglyphes] *ànti ḳer* « sans fraude. »

123. La langue copte forme des substantifs à signification abstraite avec les initiales ⲙⲉⲛⲧ et ϭⲓⲛ. La première, en sahidique ⲙⲉⲛⲧ, en memphitique ⲙⲉⲧ[1], semble visiblement composée de [hiéroglyphe] *m,* particule ancienne indiquant « l'état, » et du relatif [hiéroglyphe] *nti* = ⲛⲧⲉ, ⲉⲧ : ⲙⲉⲧϭⲟϫⲓ « l'injustice » se décompose facilement en ⲙ, ⲉⲧ, ϭⲟϫⲓ « étant, ce qui, injuste. »

L'origine du ϭⲓⲛ sahidique, ϫⲓⲛ memphitique, est plus obscure; cette initiale existe déjà dans le démotique, où elle est rendue par deux sigles[2] que M. Brugsch croit dérivées du signe [hiéroglyphe] *tu, tuṭ* « parole, » ce qui donnerait une origine assez satisfaisante à cette particule abstractive. Si cette vue se confirme, l'addition du mot antique [hiéroglyphes], [hiéroglyphes] *tuṭ* devant un autre substantif pourra être considérée comme entraînant l'idée d'abstraction.

Le substantif abstrait ne revêt ordinairement aucune forme particulière dans la langue ancienne; on peut seulement remarquer qu'il est très-souvent du genre féminin.

DU GENRE.

124. Le masculin est la forme typique du nom, le féminin apparaît comme dérivé du premier. En copte, le féminin se compose soit par l'addition de ⲓ ou ⲉ, soit par allongement de la voyelle finale.

Beaucoup de substantifs féminins montrent les finales ⲓ, ⲉ,

[1] Remarquez la chute de la nasale, comme dans le passage de [hiéroglyphe] *ànti* à ⲁⲧ.

[2] La forme ordinaire est [démotique], celle de l'inscription de Rosette est [démotique]. La lecture me semble encore un peu douteuse; M. Brugsch a lu d'abord *mut* et *χer;* il a remarqué ensuite que la première forme répondait incontestablement au copte ϫⲉ, dans le sens de *parole.* Voyez Brugsch, *Grammaire démotique,* n° 151.

comme ⲧ-ⲡⲁϣⲉ (memph. ⲫⲁϣⲓ «la moitié,» de ⲫⲱϣ «diviser»). La langue antique possédait certainement cette formation du féminin; exemple : [hiéroglyphes] *nuteri* «déesse» comparé à [hiéroglyphes] «dieu.» La faculté d'omettre dans l'écriture les voyelles, même finales, nous dérobera encore souvent l'existence de cette terminaison.

Par l'allongement de la voyelle finale, ordinairement le ⲉ du substantif copte masculin devient ⲏ et l'ⲟ devient ⲱ. Je ne doute pas que cette différence n'ait également existé anciennement; mais le vague des voyelles ne permet pas de le constater.

125. Dans l'écriture antique, le genre du substantif est signalé par des marques spéciales[1], surtout quand il est écrit par un caractère idéographique : [hiéroglyphe] indique alors le masculin et [hiéroglyphe] le féminin. Avec plus d'intensité et pour se rapprocher de l'idée de sexe, le féminin reçoit le groupe [hiéroglyphes] en ajoutant l'œuf; exemples : [hiéroglyphes] *se* «fils,» [hiéroglyphes] *se-t* «fille.» La combinaison [hiéroglyphes] appartient ordinairement au féminin, mais ce n'est pas un indice certain; il arrive souvent qu'on a mis les deux explétifs [hiéroglyphes] pour arriver au carré du dessin et sans se préoccuper de la confusion qui peut en résulter; exemple : [hiéroglyphes] *pe-še* «le bassin.»

126. Le [hiéroglyphe], marque du féminin, est probablement relié avec l'article [hiéroglyphes] *ta*. C'est une question douteuse encore pour nous que celle de savoir si ce [hiéroglyphe] *t* final était prononcé, et dans quels cas. L'analogie des finales sémitiques en ת, ית engagerait à le considérer comme réellement phonétique. Cependant les transcriptions grecques prouvent que ce [hiéroglyphe] n'était pas prononcé dans la juxtaposition de deux mots; exemple : *σενισις*, transcription de [hiéroglyphes] *se-(t)-n-is*. Dans les mots démotiques, lorsqu'un substantif possède la finale *t*, elle s'écrit indépendamment du signe du

[1] Comparez Champollion, *Grammaire*, nos 76 et suiv.

féminin correspondant à 𓏏[1]; celui-ci ne suffisait donc pas pour amener la prononciation d'un *t* final. On ne voit pas non plus que le copte ait une forme féminine spéciale en . . . . . ⲧ. En transcrivant par *t* la marque du substantif féminin, nous devons donc avertir que la prononciation effective de cette lettre nous paraît ordinairement très-douteuse.

Le genre neutre n'existe pas en égyptien pour les substantifs. Le féminin remplit son rôle, ainsi que dans le copte, pour l'emploi abstrait des pronoms.

DU NOMBRE.

127. Le singulier était la forme simple du substantif, dans la langue comme dans l'écriture. Le pluriel ajoutait la finale *u* 𓅱, 𓏲 et quelquefois 𓅱𓏭 *ui*. Les finales du pluriel copte sont très-variées, mais elles se ramènent toutes à des combinaisons de ⲟⲩ et ⲓ ou ⲉ[2] ajoutés aux voyelles du nom singulier; elles dérivent donc clairement des finales antiques *u*, *ui*. Ainsi les types ⲱⲩⲓ, ⲱⲟⲩⲉ, ⲟⲟⲩⲉ, ⲱⲟⲩⲓ; ⲏⲟⲩⲓ, ⲏⲟⲩⲉ, ⲏⲩⲉⲓ, ⲏⲩⲉ; ⲉⲟⲟⲩⲉ, ⲉⲉⲩⲉ, ⲉⲩⲉ; ⲁⲩⲓ, ⲁⲩⲉⲓ; ⲓⲟⲩⲓ, ⲟⲩⲓ se reconnaissent comme provenant de la finale 𓅱𓏭 *ui*. Au contraire les formes ⲱⲟⲩ, ⲟⲟⲩ, ⲏⲟⲩ, ⲏⲩ, ⲉⲩ, ⲉⲟⲩ, ⲁⲟⲩ, ⲁⲩ, ⲓⲟⲩ correspondent à la forme simple 𓅱 *u*. Observons encore ici que le vague des voyelles amène ordinairement dans l'écriture antique la confusion de ces deux formes.

128. Le pluriel avait aussi, dans l'écriture, son expression idéographique, à savoir le nombre trois 𓏪 ou 𓏥 ajouté au mot, de quelque manière qu'il fût écrit. Très-rarement ce même nombre a été indiqué par 𓏏𓏏𓏏.

[1] Voyez, par exemple, le mot *ma-t-f* «sa mère,» dans la légende de Soter II. Brugsch, *Grammaire démotique*, n° 105 et passim. Comparez le n° 120 ci-dessus.

[2] M. Veit Valentin (*Die Bild. d. coptischen Nomens*) suppose que la forme première du pluriel était *un*. Le *n* final du pluriel, dont l'analogie pouvait bien faire supposer l'existence, n'apparaît pas dans les substantifs, mais on le retrouve aux pronoms.

Quelquefois aussi on triplait le mot lui-même, soit que l'expression en fût idéographique, comme *àpt-u* « des oies, » soit qu'il fût écrit alphabétiquement, comme pour *tefu* « des provisions. »

Champollion [1] a remarqué que le pluriel phonétique était souvent placé avant le déterminatif, tandis que le groupe se met après; mais cette règle n'est pas très-fidèlement observée. Les groupes , , qui réunissent les deux expressions du pluriel, sont très-fréquents et se placent à la fin des mots, exemple : *mes* « enfant, » pluriel *mes-u*.

Le groupe I I I prend dans l'hiératique des formes très-diverses; en voici quelques-unes, de trois types différents : , , , . Le dernier signe est l'indice démotique du pluriel, il s'explique par les précédents [2].

129. La langue copte n'a pas de forme spéciale pour le duel, mais il paraît que la finale *ui* avait cette valeur dans l'égyptien; on la trouve employée dans des cas où la phrase exige l'indication du nombre deux. C'est ainsi que *neter-ui* signifie « les deux dieux, » en parlant de Set et d'Horus [3].

Le duel est aussi indiqué figurativement par la réduplication d'un caractère idéographique; quand nous trouverons cette réduplication, nous ajouterons la finale phonétique *ui*, sans pouvoir répondre néanmoins, dans bien des cas, qu'elle fût réellement usitée, exemple *(ā)-ui* « les deux bras [4]. »

[1] Voy. Champollion, *Gram.* n° 152.

[2] Voyez Brugsch, *Gramm. démotique*, n° 161. On voit, dans ces abréviations successives, les signes perdre toute trace de l'idéographie primitive.

[3] Voy. Brugsch, *Monuments*, pl. L, 9. *pesešu neter-ui ri-u em peseš-uk* « Que les domaines des deux dieux deviennent tes domaines. »

[4] Dans de nombreux exemples, le signe a la valeur de la main et non du bras; la prononciation est encore douteuse dans ce cas. La finale *ui* se relie bien aux terminaisons sémitiques *aïm, aïn,* dont elle ne diffère que par la nasale, qui tombe dans l'état construit.

130. Le duel est encore noté par les groupes , et , qui donnent lieu à quelques difficultés. Il est certain que ce groupe signifie quelquefois idéographiquement « le redoublement; » on le trouve même employé pour indiquer le redoublement d'un radical comme pour *benben*. Mais il est certain également que phonétiquement ou ses variantes répondent à la syllabe *ti*. La question est de savoir si ce groupe composait, comme *ui*, une finale du duel pour certains substantifs comme *àri-ti* « les deux yeux, » *ret-ti* « les deux pieds, » *ār-ti* « les deux mâchoires. » Nous transcrivons ainsi et nous pensons que la syllabe *ti* était ici prononcée, d'après l'analogie de la forme que nous allons expliquer.

131. Un certain nombre de mots égyptiens prenaient cette finale ou , qui avait peut-être à l'origine une valeur intensive. C'est ainsi que dans le groupe , variantes et même , l'orthographe ne doit pas faire supposer une forme redoublée, mais simplement une finale *ti*, évidemment intensive dans cet exemple. En effet, les variantes phonétiques donnent la lecture *peḥ-ti*, et non pas *peḥpeḥ*, et cette forme est parfaitement reproduite dans le copte ⲡⲁϩⲡⲉϩⲧⲉ « puissance » comparé au type plus simple ⲡⲁϩⲡⲉϩⲓ. La forme démotique *paḥti* prouve également, dans ce cas, que la finale était réellement phonétique.

Il n'en est pas moins vrai que nous ne pourrons pas toujours, à première vue, décider si le groupe est une finale phonétique, ou bien s'il faut le traduire par la réduplication du radical, et ce n'est que l'étude des variantes qui pourra donner au dictionnaire des notions précises sur la forme intensive notée dans un mot par cette addition.

DES NOMS PROPRES.

132. D'après ce que nous avons expliqué ci-dessus, nous ne pensons pas qu'il y ait lieu d'établir des classes parmi les noms

communs[1]; mais il en est autrement des noms propres, qui forment un groupe très-intéressant dans la langue égyptienne. Dans le système graphique, la présence d'un nom propre est signalée habituellement par l'addition du signe « homme » ou « femme; » quelquefois pour un grand personnage ou , surtout pour un défunt[2]. Les noms royaux sont enveloppés du cartouche.

On remarque, particulièrement aux plus anciennes périodes, une certaine quantité de noms propres qui ne sembleraient pas autre chose que la reproduction des premières syllabes balbutiées par l'enfant. C'est ainsi qu'on rencontre souvent *Bâbâ*, *Tâtâ*, *Ti*, *Pâpi*, etc.[3] Mais il existe, même sur les plus anciens monuments, une quantité de noms propres dont la signification est facile à reconnaître. Les uns, de la forme la plus simple, sont empruntés soit au nom d'un animal ou d'une plante, soit à un qualificatif simple ou composé : *Nefer* « le bon » et *Se-neferu* « le bienfaisant. » D'autres réunissent plusieurs mots, comme *Nefer-t-àri* « celle qui fait le bien[4], »

[1] Nous avons donné, aux déterminatifs génériques, la liste de ceux qui forment de véritables chapitres parmi ces noms, comme pour les astres, pour les hommes, pour les quadrupèdes, etc. (Voyez ci-dessus n° 91.) Champollion a introduit aux n°s 73-110 de sa grammaire de longues listes de substantifs ainsi classés. Très-utiles au début de la science, ces listes appartiennent aujourd'hui au dictionnaire. Les commençants les consulteront avec grand profit; ils doivent néanmoins se tenir pour avertis que, dans l'état où l'illustre auteur a laissé sa grammaire, plusieurs de ses transcriptions ne sont que des mots coptes mis provisoirement en regard des hiéroglyphes dont le sens lui était connu, ou des lectures premières que les progrès de la science n'ont pas confirmées.

[2] Comparez Champollion, *Grammaire*, n°s 111-129.

[3] Ces noms sont surtout fréquents à la Ve et à la VIe dynastie, mais on en rencontre à toutes les époques.

[4] Probablement l'analyse de ce nom serait « la bonne de l'acte. » Nous avons choisi à dessein le mot *nefer*, élément des noms propres les plus variés. Dans *t'a-nefer* je crois qu'il est figuratif et qu'il signifie « le teneur de luth; » c'est le nom d'un astérisme et de divers individus. On trouve souvent ce personnage sur les scarabées gravés, sous la figure d'un singe tenant le luth *nefer*.

nefer-ḥotep «celui qui est joint au bien.» Certains noms sont des devises complètes : *Nub-em-useχ* «l'or dans la salle» (nom d'une dame). *Neχt-em-uasi*, «victoire à Thèbes» (nom des chevaux de Ramsès II).

133. Une classe considérable de noms propres a été formée, dans tous les temps, à l'aide des noms divins[1]. Ce sujet exigerait un traité spécial; nous nous bornerons ici aux principales règles de leur composition.

Les noms divins eux-mêmes sont d'abord reconnaissables à leurs déterminatifs, qu'on trouve souvent conservés même dans les noms propres dont ils font partie. Ce sont, d'une manière générale, et plus tard], ou d'une manière spéciale, la figure symbolique de chaque divinité : ou bien *Amun*, ou *Anpu* «Anubis,» ou *As-t* «Isis.»

Les premiers noms des dieux sont en général aussi simples de forme que ceux que nous venons de citer; mais ils sont souvent remplacés par des qualifications dont la liste est très-nombreuse et encore fort incomplète. Ainsi *Ptaḥ* sera appelé *nefer-ḥar* «le dieu au beau visage.» Osiris a mille noms divers, dont les plus communs sont *un-nefer* «l'être bon (par excellence)» et *ureṭ-(āb)* «celui dont le cœur est dans un parfait repos.»

Outre ces appellations mythiques, les dieux sont fréquemment désignés par les villes ou les nomes dont la seigneurie leur était spécialement départie; c'est ainsi que *neb sesennu* «le seigneur de *Sesun*» (ou *Hermopolis magna*) est le dieu Thoth. D'autres sont d'une analyse plus difficile : *res-sebti-f* est un nom de *Ptaḥ* qui signifie «Le mur du midi est à lui;» probablement une partie importante de son temple à Memphis.

[1] Voy. Champollion, *Gramm.* n°s 130 et suiv. Brugsch, *Grammaire démotique*, n° 96.

134. L'étude des diverses classes de noms divins était doublement nécessaire, parce qu'elles se retrouvent dans les noms propres qu'elles contribuent à former. L'intention d'établir un lien pieux entre une divinité et le personnage nommé est constatée par des formules assez variées; voici les plus usitées.

L'emploi du radical [hiéroglyphes] *ḥotep*, en copte ϩωτπ, «joindre, être uni,» est très-fréquent, soit qu'on fasse suivre immédiatement le nom sacré, comme dans [hiéroglyphes] *Amenḥotep* (Amenophis), soit qu'il le gouverne par l'entremise d'une préposition, exemple : [hiéroglyphes] *ḥotep-ḥer-mât* «joint à la justice,» surnom du roi *Merenptaḥ.*

Le verbe *meri* «aimer» se présente avec les mêmes particularités; on trouve également les deux formes [hiéroglyphes] *Ptaḥ-meri* et [hiéroglyphes] *Merenptaḥ.* Mais, dans le premier cas, les variantes prouvent que le nom divin n'a souvent été écrit en tête du nom propre que par un motif de préséance et qu'il faut, dans la prononciation, le remettre à la fin. C'est ainsi que le surnom spécial du grand Ramsès [hiéroglyphes] *Meri-âmun* doit être prononcé de cette manière, quoique les variantes donnent habituellement la priorité au nom d'Amon, *sic :* [hiéroglyphes] *âmen meri.*

La particule [hiéroglyphes] *nas* «attaché à» se met avant le nom divin : [hiéroglyphes] *nas-χuns* «l'attaché à Chons[1].»

Ces noms s'appliquaient aux deux sexes; la combinaison avec [hiéroglyphes] *neferu* «les grâces» paraît réservée à des noms féminins, exemple : [hiéroglyphes] *Râ-neferu* et, par inversion, *Neferu-râ* «grâces du soleil,» et [hiéroglyphes] *Neferu-sebek* «grâces de *Sebek,*» noms portés par deux reines égyptiennes[2].

[1] Comparez, pour ces noms, Champollion, *Grammaire,* n° 131, et Brugsch, *Grammaire démotique,* n° 115. C'est par suite d'une inadvertance que dans ce numéro le sigle démotique initial est interprété par [hiéroglyphe] *se* «fils.» Cette erreur est rectifiée dans la table même, où le n° 115 est consacré aux noms propres avec *nes,* et dans le tableau général au n° 192, où le même sigle correspond régulièrement à [hiéroglyphe] *nas,* ou *nesa.*

[2] La fille du roi Horus portait un nom

L'attachement au dieu est aussi marqué plus brièvement par la finale *i*, qui forme des adjectifs dérivés d'un substantif, et des noms verbaux; exemples : *Ameni* « l'Amonien, » *Seti* « le dévoué à *Set* » (ou Typhon). Peut-être l'intention mythique de cette finale était-elle d'établir un rapport supposé de filiation[1].

La forme composée avec l'article possessif *pa*, *ta*, très-usitée aux basses époques, comme dans les noms *Pa-mont*, *Ta-isi* « celui de Month, celle d'Isis, » est relativement moderne.

135. Le nom choisi pour l'enfant témoigne souvent la reconnaissance des parents, qui le considèrent comme un don divin. La formule initiale *pe-ṭu* « le don, » n'est pas très-ancienne; *Pe-ṭu-p-rā* « le don du soleil[2] » est reproduit exactement dans le nom biblique פוטיפרע *Putiphra*. Dans les noms bilingues gréco-égyptiens, cette initiale est transcrite par ϖετυ et ϖετε ou ϖετ.

Une forme féminine, correspondant à la même idée, se tirait de la finale *àr-ṭa-s* « a donné elle; » exemple : *Ma-t-àrtas* « *Ma-t* (la mère) l'a donnée. »

136. C'est par suite de la même idée que les noms propres établissent souvent des rapports de filiation avec les dieux. La forme la plus récente est celle des initiales *p-se-n* « le fils de, » *ta-se-t-n* « la fille de[3]. » Les noms d'une

de forme analogue, , qu'on doit lire, par inversion du nom sacré, *Ne-tem-t-ma-t*. Il signifie « délices de Mauth. »

[1] Comparez les ethniques sémitiques par la finale *i*, et les finales *ιος*, *ius*.

[2] Les formes avec l'orthographe , *pā*, *tā*, citées par Champollion, sont des plus bas temps. (Voyez Champollion, *Grammaire*, n° 161.)

[3] Les Grecs, dans les noms bilingues, transcrivent le masculin par ψεν et le féminin par τσεν; mais cette dernière leçon est rare et plus récente. Les noms propres conservent souvent des formes archaïques;

plus ancienne époque sont écrits sans article et sans particule, comme [hiéroglyphes] *Se-ḥatḥor* « le fils d'Hathor. »

La règle d'inversion que nous avons indiquée ci-dessus s'applique ici très-souvent; exemple : [hiéroglyphes] *Hatḥor-se-t*, qu'on doit lire *Se-t-ḥatḥor*, ainsi que le prouvent les variantes.

Cette règle d'inversion s'étend à des noms plus compliqués, surtout dans les cartouches royaux, où il était de style de mettre un disque solaire au sommet; c'est ainsi que le célèbre cartouche [cartouche] doit être lu [hiéroglyphes] *Men-kau-rā*[1]; toutefois cette inversion ne doit être adoptée dans la transcription que lorsque les variantes l'ont clairement autorisée, car il est des noms propres où le nom divin reste initial, quoique le sens semble y indiquer l'inversion.

La finale [hiéroglyphes] *mes* « engendré, né, » ne donnait pas lieu à l'inversion; exemples : [hiéroglyphes] *Aḥmes*, transcrit Αμωσις, Αμασις, et [hiéroglyphes] *Tutmes*. Ces noms, et surtout celui d'*Aḥmes*, sont masculins et féminins[2]. Le célèbre nom de *Rāmses* est l'abrégé de la formule plus complète [hiéroglyphes] *Rā-mes-su* « le soleil a enfanté lui; » c'est sous cette forme que se présente le nom de Ramsès Ier[3].

137. Les rapports de l'homme avec la divinité sont encore in-

aussi la transcription ordinaire des noms féminins de cette classe, qui sont très-nombreux, est-elle σεν, en se conformant à la prononciation ancienne, qui n'admettait pas l'article dans ces composés: exemples σενισις, σενποηρις, etc. (Comparez Brugsch, *Gramm. démotique*, n° 117.)

[1] Ce nom est transcrit dans Manéthon *Mencheres*; on le trouve réellement écrit dans l'ordre de la prononciation, *Men-kau-rā*, dans les deux versions hiératique et démotique du papyrus Rhind, expliqué par M. Brugsch.

[2] Le nom de la lune, [hiéroglyphes] *āh*, était masculin comme le copte ⲁⲁϩ; l'application si fréquente de ce nom aux femmes prouve qu'on ne doit pas traduire *Aḥmes* par « le jeune Lunus; » il faut entendre, suivant nous, malgré l'inversion, « le fils ou la fille de Lunus ou de tel autre Dieu. »

[3] Il est possible que cette légende, réduite au nom propre, soit elle-même abrégée de la légende du soleil : [hiéroglyphes] *mes-su-t'es-f* « qui s'enfante lui-même. »

diqués par d'autres formules plus compliquées et d'une grande variété. Voici quelques exemples de ces noms qui devaient donner lieu à des abréviations de toute espèce dans l'usage ordinaire : *Amun ḥer-χepeš-f* « Amon (est) sur son glaive, » *Prā-ḥer-unami-f* « Pra (est) sur sa droite, » *Neχt-ḥar-ḥeb* « La force de l'Horus de Heb (Nectabes), » *Sam-toti-taf-neχt* « (Le dieu) qui a réuni les deux pays[1] est sa force. »

Ces formes conduisent à l'intelligence d'autres composés où le nom du dieu protecteur reste sous-entendu[2]. Cette classe est très-nombreuse; nous indiquerons seulement, comme application de ce principe, *Taf-neχt-ta* « sa force, ou sa victoire, » *Seneb-f* « son salut. » Dans *Seneb-sen* « leur salut, » les dieux protecteurs étaient au pluriel. Il en était de même dans *Usur-t-sen* « leur puissance, » nom célèbre sous la XIIe dynastie.

138. Les dénominations divines elles-mêmes composent une classe de noms propres très-étendue. Les Égyptiens n'hésitaient pas à s'attribuer ces noms; il y a cependant ici une distinction essentielle à faire; on n'osait pas, même dans la famille régnante, prendre d'une manière absolue le nom du dieu suprême. Nous n'avons rencontré, dans l'antiquité, aucun personnage qui se nommât simplement *Amon* ou *Ptaḥ*, ni même Osiris[3], tandis que les

[1] C'est un des noms royaux d'Horus; il rappelle sa souveraineté sur les deux parties de l'Égypte, après la défaite de *Set*.

[2] Hérodote est témoin du scrupule qu'on attachait à la prononciation de certains noms divins. Il y avait peut-être aussi, dans ces réticences, le désir de cacher aux puissances ennemies le vrai nom du dieu protecteur.

[3] Cette abstention n'existait plus dans les derniers temps; M. Brugsch cite même, dans sa grammaire démotique, les noms d'*Amon* et de *Ptaḥ;* Amon se trouve parmi les noms des Coptes. (Voyez Brugsch. *Grammaire démotique,* n° 111.)

divinités secondaires, telles que Horus, *χons*, *I-m-ḥotep* et même Isis, pour les femmes, sont mises largement à contribution. Toutefois on se permettait les formes particulières et les surnoms des personnages divins rappelés ci-dessus. C'est ainsi qu'on trouve fréquemment *Amen-em-ḥa-t* « Amon au commencement, » *Amen-em-àp-t* « Amon dans Ap (partie de Thèbes), » *Asàr-ueri* (Οσορωηρις) « Osiris le Grand, » *Ptaḥ-nefer* « Ptah le bon. » On rencontrera également les surnoms affectés aux mêmes dieux, tels que *Unnefer*, *Nefer-ḥotep*, noms d'Osiris, et *Nefer-ḥar*, surnom de Ptah, dit « le dieu au beau visage. »

DE L'USAGE DU CARTOUCHE[1].

139. Le cartouche, qui semble une sorte de nœud, ou , et que nous avons signalé comme renfermant les noms royaux, s'échange dans l'écriture avec le mot *ren*, en copte ⲡ-ⲣⲁⲛ « le nom. » On ne sait pas au juste l'origine ni le sens de cette distinction, qui appartient à la plus haute antiquité pharaonique; mais il est certain que c'était un signe de royauté. On trouve même le cartouche entourant le mot *ḥek* « roi. » Dans les monuments plus modernes, on le rencontre à tout instant avec l'expression officielle de la royauté : *per-āa* « la grande demeure, le palais, » qui s'écrivait plus anciennement « la double grande demeure. » Les trois caractères qui terminent le groupe, , sont l'abrégé de la formule *ānχ uta seneb* « la vie, la santé, le salut. » On les ajoutait comme un sigle honorifique soit aux cartouches eux-mêmes (ce qui était la règle absolue dans l'écriture hiératique), soit aux mots comme *ḥek* « roi, »

[1] Comparez Champollion, *Grammaire*, n°s 137 et suivants. Pour les débris du cartouche dans les sigles démotiques, voy. Brugsch, *Grammaire*, n° 105.

neb « seigneur, » ou *hon-f* « sa majesté, » qui introduisaient dans le discours la personne royale. Les variantes montrent qu'en pareil cas les signes ne devaient pas être prononcés.

La légende royale, complétement développée, comprenait deux cartouches; le premier renfermait le nom d'intronisation, devise choisie par le roi en montant sur le trône; le second cartouche contenait le nom propre du prince, augmenté souvent à la même occasion d'une qualification religieuse telle que *meri-āmen* « l'aimé d'Amon, » *setep en ra* « l'approuvé de Ra, » etc. ou relative au siége plus spécial de sa puissance ou de son affection, comme *nuter ḥek ān* « divin roi d'An (Héliopolis)[1]. »

Les cartouches sont quelquefois très-chargés de ces noms et qualifications accessoires, et, les caractères y étant disposés pour la régularité du dessin, il devient très-difficile de rétablir l'ordre naturel des mots. Il faut alors se guider par l'analogie des noms propres et des qualifications qu'on retrouve ailleurs isolés. Souvent aussi une variante hiératique, dans laquelle l'écrivain n'avait plus à se préoccuper de l'aspect du cartouche, vient au secours de la lecture. C'est ainsi que Champollion[2] a heureusement expliqué le cartouche d'un des derniers Ramsès. La variante en écriture hiératique l'amène à décomposer cet ensemble de la manière suivante :

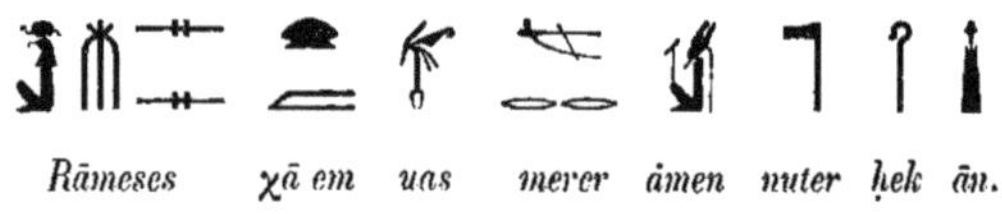

Rāmeses *χā em* *uas* *merer* *āmen* *nuter* *ḥek* *ān.*

[1] La légende officielle du Pharaon, qui devint plus compliquée de siècle en siècle, comprend divers autres surnoms. Un seul mérite d'être signalé ici au point de vue graphique, c'est la devise de l'enseigne, qui était censée tracée par le dieu Thoth, et qui, dans les textes ornés, s'écrivait souvent dans la figure même de l'étendard, *ka neχt meri mā-t* « le taureau puissant, ami de la vérité, » devise de Ramsès le Grand. Cette bannière était toujours surmontée du disque solaire et de l'épervier couronné, rappelant la royauté d'Horus.

[2] Voy. Champollion, *Gramm.* n° 140;

On trouvera en effet, séparément, dans les monuments du même temps, soit le nom propre *Rāmeses*, soit les qualifications *χā em uas* « régnant en Thébaïde, » *merer āmen* « chérissant Amon, » et *nuter ḥek ān* « divin roi de la ville de An[1]. »

Les reines recevaient aussi régulièrement cette distinction; quelquefois même on leur attribua les deux cartouches, probablement pour constater qu'elles possédaient de leur propre chef le droit à la couronne[2]. On ne trouve le cartouche enveloppant le nom des princes que très-rarement, et peut-être pour marquer une véritable association à l'autorité souveraine. Les dieux qui étaient censés avoir régné en Égypte, comme *šu*, Osiris et Horus, avaient droit, à ce titre, au cartouche pour renfermer leurs divers noms royaux; exemple : *Un-nefer* (Osiris).

Les exceptions à la règle que nous venons d'énoncer sont de deux sortes; premièrement le cartouche est quelquefois omis, peut-être par négligence de l'écrivain; c'est ainsi qu'une stèle du musée de Leyde écrit *se rā āntef*, « le fils du soleil Antef, » le nom d'un roi de la XIe dynastie.

En second lieu, la présence du cartouche n'annonce pas toujours la personne royale elle-même; on composait des noms propres avec les noms royaux comme avec les noms divins, et par des motifs analogues; souvent alors on conservait le cartouche. C'est ainsi que la légende *Amen-em-ḥa-t-seneb* n'indique pas la présence du roi *Amenemḥa-t;* c'est le nom d'un personnage de son temps nommé *Amenemḥa-seneb.* *Rā-uaḥ-ḥet-ānχ*, nom très-usité vers la XXVIe dynastie, est composé avec le premier cartouche de Psamétik Ier et l'addition *ānχ* « vivant. » C'est

observez que l'écrivain hiératique a restitué la particule de flexion *m*, qui manquait dans le cartouche gravé; le nom complet exige en effet cette particule, *χā-em-uas* est le nom d'un fils du grand *Ramsès.*

[1] Ce nom s'appliquait à plusieurs villes; Héliopolis, Dendérah et Hermonthis se l'attribuaient toutes les trois.

[2] On peut citer comme exemples, la reine *Ha-t-šep-u*, sœur de Tutmès III, et *Amenār-tas*, belle-mère de Psamétik Ier.

surtout à la XIIe et à la XXVIe dynastie qu'on remarque ces particularités.

140. Les noms propres étrangers s'écrivaient par les caractères phonétiques de toute espèce, mais le déterminatif les signalait à l'attention. Le plus ordinairement, c'est le déterminatif générique 𓏤 qui leur est appliqué; souvent aussi, dans les textes gravés, la figure de l'homme qui termine le nom porte les caractères généraux de la race à laquelle il appartenait et la coiffure spéciale de sa nation[1]. Pour la transcription régulière de ces noms, il faut étudier soigneusement la correspondance qui peut exister d'une manière plus ou moins exacte entre les articulations égyptiennes et celles de la langue à laquelle appartenait le nom à déchiffrer, lorsqu'on a sur ce point des données suffisantes[2].

141. Les noms propres de lieux sont composés, au point de vue graphique, d'une partie phonétique et d'un déterminatif qui varie suivant la nature de la localité. Ainsi que nous l'avons dit, 𓈋 est spécial pour les montagnes et les vallées; 𓈉 le remplace, mais il désigne aussi sans distinction les contrées et nations étrangères; 𓈈 représente une île, il s'applique aussi à diverses régions terrestres ou célestes; 𓈗 est affecté aux nomes égyptiens et à tout territoire régulièrement divisé; 𓈗 et 𓈇, outre les eaux de toute nature, déterminent les lieux bas, frais, arrosés, et, d'une manière plus générale, les lieux cultivés et habités; 𓊖 représente les villes, villages et lieux habités. Enfin, le signe 𓉐 est commun aux lieux de toutes sortes et à toutes les demeures.

[1] On distingue toujours soigneusement le nègre 𓀀 de l'homme d'Asie 𓀀, par son costume, sa coiffure, le galbe de son profil et aussi par les plantes symboliques du nord et du midi qui terminent leurs liens; mais on se contente souvent d'un seul de ces caractères.

[2] Nous avons donné ci-dessus, aux n°s 25 et suivants, les règles pour la correspondance des lettres égyptiennes avec les articulations sémitiques et l'alphabet grec.

Le nom d'une ville ou d'un temple composé avec le mot *ḥā-t* « demeure » s'écrivait souvent dans l'intérieur de cette enceinte rectangulaire; exemple : *ḥā-t-Rā-men-mā-t* « la demeure de *Rā-men-mā* (ou Séti Ier); » ces sortes de légendes prennent quelquefois un très-grand développement, c'est d'ailleurs la forme la plus usitée pour les noms des temples[1].

Outre les noms vulgaires, chaque ville avait un ou plusieurs noms sacrés qui rappelaient soit l'habitation de son principal dieu, soit un événement mythologique dont le souvenir lui était attaché. Les premiers sont très-nombreux ; voici des exemples de leurs diverses formules : *pā-rā* « la demeure de Ra (Héliopolis), » *ḥā-t-net* « la demeure de Neith (Saïs), » *ḥā-ka-ptaḥ* « la demeure de la personne de Ptah (Memphis), » *nu-t-āmen* « la ville d'Amon[2], » *pa-ṭimi-n-ḥor* « la ville d'Horus, » en copte ⲧⲙⲓⲛϩⲱⲣ, (Damanhour). On peut citer, comme exemple de traditions mythiques, *χerau* « le combat, localité voisine d'Héliopolis[3]. »

On trouve encore une quantité d'autres noms qualificatifs qui composaient pour chaque ville importante des listes assez étendues; plusieurs de ces noms étaient usités à la fois et cités dans le même texte, ce qui devient la source de grandes difficultés pour l'identification de certains noms antiques avec les localités[4].

142. Les noms des villes, régions et nations étrangères réu-

[1] Cet usage fait bien comprendre les variantes du nom de la déesse *Hathor*, qui signifiait « la demeure d'Horus, » ou *ḥa-t-ḥor*.

[2] Probablement la נא־אמון du prophète Nahum; cette transcription indique que dans la composition le du groupe ne devait pas être prononcé.

[3] La géographie de M. Brugsch a fondé cette partie de la science; en y réunissant les additions successives faites par l'auteur, les textes géographiques publiés par M. Duemichen et l'étude sur les textes géographiques du temple d'Edfou par M. Jacques de Rougé, on peut se regarder aujourd'hui comme en possession d'une grande quantité de noms de lieux égyptiens bien déterminés.

[4] Voyez n° 140.

nissent quelquefois le poteau aux signes , , etc. mais cette addition n'est pas constante. Dans les décorations comprenant des séries de villes conquises ou de nations vaincues, on renfermait les noms dans l'enceinte qui représente une clôture hérissée de tours quadrangulaires. On y trouve soit des noms de ville, comme *Makeṭau* «Mageddo,» soit même des noms de contrée tels que *Naharen* (Naharaïn) ou la Mésopotamie.

Nous avons indiqué ci-dessus[1] les précautions dont il convient de s'entourer dans l'appréciation des noms propres et en général des mots étrangers à l'Égypte. Ces noms sont écrits avec des signes purement phonétiques; il arrive quelquefois néanmoins que le scribe ait été instruit du véritable sens des mots qui composaient le nom propre à transcrire en hiéroglyphes, et qu'en conséquence il se permette de l'enrichir de déterminatifs[2]. C'est ainsi que le mot *Naharaïn,* qui signifie «les deux fleuves (la Mésopotamie),» est quelquefois écrit *Naharina* avec le signe des eaux . Il en est de même du nom d'homme *Takeret* (pour Tiglat)[3] parce qu'il était emprunté au nom du Tigre. Parmi les noms de ville, celui de Beith-anat (בית־ענת) présente deux déterminatifs quand il est écrit *baitâ-ântâ;* l'écrivain a introduit le signe parce qu'il savait que *bait* signifiait «demeure,» et l'uræus pour montrer le caractère sacré du nom de la déesse *Anta*[4]. A la première vue,

[1] Voyez n° 140.

[2] Cette remarque s'applique, à plus forte raison, aux mots empruntés aux langues étrangères et introduits dans les textes.

[3] C'est le Takellothis de Manéthon, nom emprunté aux Assyriens, comme beaucoup d'autres, sous la XXIIe dynastie.

[4] L'orthographe *ânetâ* est exactement conforme à l'orthographe phéni-

cette liberté oppose quelquefois des difficultés très-sérieuses à la lecture correcte des noms étrangers; mais elle peut devenir un secours quand on a reconnu l'idiome auquel appartient le nom à déterminer.

RAPPORTS DES NOMS (DÉCLINAISON).

143. La langue égyptienne n'admettant pas de terminaisons variées suivant les cas, les rapports des noms y sont fixés par des particules dont la liste est très-abondante; ce qui constitue une grande richesse dans l'expression de ces rapports. Leur détail se trouvera réparti dans les diverses parties de la grammaire; nous nous contenterons d'indiquer ici sommairement celles de ces particules qui répondent plus spécialement aux cas que les grammaires des langues ariennes nous ont habitués à distinguer.

Le nominatif, ou sujet de la phrase, présente ordinairement le substantif isolé; il existe cependant, ainsi que nous l'expliquerons plus loin, une formule très-usitée, dans laquelle le sujet logique, l'agent, est affecté de la particule *àn* ainsi écrite : , , ou même *ã* [1].

144. Le génitif se rendait de la manière la plus concise par la juxtaposition de deux substantifs, le sujet (l'objet possédé) occupant la première place, suivant l'esprit de l'état d'annexion dans les langues sémitiques; exemple : *Hor sa às sa àsàr* « Horus, fils d'Isis, fils d'Osiris. » Peut-être cette sorte d'état construit amenait-il quelque changement dans la prononciation, mais nous ne pouvons pas le constater[2] dans l'écriture égyptienne.

La particule du génitif est *n*, formes moins anciennes

cienne ענת, du nom de cette déesse, récemment trouvé dans une inscription cypriote par M. de Vogüé.

[1] C'est un exemple curieux de la suppression de la nasale dans l'écriture. (Voir ci-dessus n° 44, note 2.) — [2] C'est ainsi que le mot *hor*, le nom d'Horus, paraît avoir été prononcé *har* dans la composition. (Comparez *Arsiesis*, *Arendotes*, *Arsaphes*, etc.)

et [hieroglyph]; exemple : [hieroglyphs] *nuter nefer rā n kame* « (Le) dieu bon, soleil de l'Égypte. » Le copte a conservé ⲛ̀ dans ce même sens.

Quand l'antécédent est au pluriel, on trouve souvent la particule [hieroglyph] *nu*[1]; exemple : [hieroglyphs] *ḥeb-u neb nu āsār* « toutes les fêtes d'Osiris. » Dans les textes du premier empire, l'orthographe ordinaire est [hieroglyph]; exemple : (les nègres) [hieroglyphs] *nu tes-u peten* « de ces régions[2]. »

La particule [hieroglyph] *nte*, formes moins anciennes [hieroglyphs], remplace *n* dans ce même rôle. C'est le copte ⲛ̀ⲧⲉ; sa valeur réelle est l'idée du relatif; exemple : [hieroglyphs] *sa n sen-t nte ma-t nte ma-tf* « le fils de la sœur de la mère de sa mère » (l'oncle à la mode de Bretagne[3]).

Le génitif, quand il s'applique à l'état ou à la matière du terme antécédent, est habituellement indiqué par la particule *m* [hieroglyph] ou [hieroglyph]; exemples : [hieroglyphs] *χa m ta-u* « beaucoup de pains, » [hieroglyphs] (*ḥeḥ-u*[4]) *m renpe-tu* « des millions d'années, » [hieroglyphs] (*ḥennu*) *m mu* « des vases d'eau. »

145. Le datif possessif introduit le terme conséquent par la particule *n*[5].

[1] Champollion (*Grammaire*, n° 163, 4) prend le groupe [hieroglyph] pour le pluriel de l'article possessif; mais cette formule est bien plus ancienne dans la langue que l'emploi de cet article spécial.

[2] Inscription d'*Unā*, l. 18. Voy. *Mémoire sur les six premières dynasties*, pl. VII.

[3] Cet exemple, tiré de la *Grammaire* de Champollion, n° 170, a l'avantage de montrer comment était indiqué le lien des parentés éloignées.

[4] Nous mettons ainsi entre deux parenthèses la transcription des signes idéographiques, chaque fois que la polyphonie ou quelque autre motif la rend douteuse pour nous.

[5] Comparez Champollion, *Grammaire*, n° 171. Nous avons choisi cette formule, qui résume si admirablement le précepte divin de la charité, parce que la transcription et la traduction avaient besoin d'être rectifiées. Champollion traduit : « à ma faim, à ma soif, etc. » et M. Birch (*Grammaire*, p. 623) a laissé passer cette erreur. On trouve souvent la formule à la 1re personne : « J'ai donné des pains à l'homme affamé, etc. » ce qui ne laisse pas de doute sur le sens; [hieroglyph] est ici la caractéristique de l'adjectif verbal, ou participe présent. (Voyez Champollion, *Grammaire*, n° 294.)

EXEMPLE :

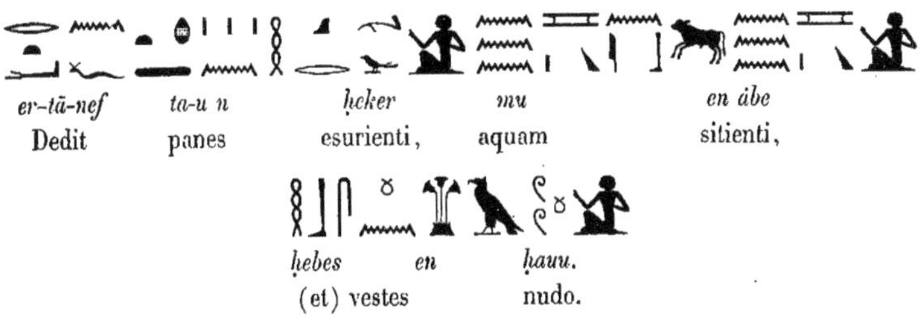

Le datif de direction ou du but de l'action se sert également de la particule *n;* exemple : *ṭaṭ-f n-sen* « il leur dit. » Cependant les particules présentent ici une grande variété; exemple : *ušeb-sen χer nuter-sen* « ils répondent à leur dieu. » Le choix dépend des verbes qui précèdent et des nuances de la direction.

146. Le locatif se divise également en nuances bien tranchées qui amènent une grande variété de particules. La direction vers un lieu précis est indiquée par *er*, en copte[1] ε; exemple : *šep-nā (ua-tu) er sebeχ-tu* « J'ai pris les chemins vers les pylônes. »

ou *ḥer, ḥa,* qui signifie au sens propre « sur, » indique la direction d'une manière plus générale; exemple : « Sa Majesté alla » *ḥa retennu ḥur-t* « dans la région du Retennu supérieur. » Beaucoup d'autres nuances analogues seront étudiées au chapitre des prépositions; citons seulement encore ici *m* et la forme pleine , *ām* « dans, dedans; » exemple : *āk m ro* « (un copeau) entra dans la bouche[2]. »

[1] La lettre *r* s'est adoucie en *e*, comme dans d'autres finales; l'orthographe ptolémaïque, pour la même particule, devient *āu*, exactement égal au copte ε; car *ā* n'est que l'aspiration et l'*u* vague paraît correspondre à la prononciation *e* dans presque toute la grammaire. Comparez *āuf* transcrit εϕ.

[2] *Histoire des deux frères*, p. 18, l. 5 : « Pendant que les charpentiers abattaient les deux perséas, un copeau vola et entra dans la bouche de la princesse. »

147. L'accusatif n'a rien qui le distingue dans le cas du complément direct des verbes transitifs.

La particule ou *m*, indiquant l'état, a un très-large domaine; elle régit les compléments du verbe *être*, ainsi que nous l'expliquerons; elle est, dans ce cas, représentée en copte par la particule ⲛⲟ, qui se joint seulement aux pronoms après le verbe *être;* exemple : *àu-à em šerà* « J'étais enfant[1]. »

Le vocatif n'est affecté d'aucune autre particule que les interjections; on peut seulement y signaler l'emploi fréquent de l'article simple ou démonstratif[2], usage que la langue copte a conservé.

148. L'ablatif (latin) réunit des sens variés; la plupart correspondent à la particule *m* ou , formes pleines , , *àm.*

L'ablatif locatif se servait de *m*, soit dans le sens de la station, exemple : *em pif pa* « (Elle demeurait) dans sa maison[3], » soit dans le sens de la sortie, exemple : *pere em ro* « sortir de la bouche[4]. »

Les ablatifs instrumental et causatif se rendent également par *m* ou *àm;* exemple : *ska em ḥeb* « labourer avec la charrue. »

Il en est de même pour la matière; exemple : *uerri-t em ḥat' nub* « un char en argent et en or; » *χaker àm χesbet'* « ornement de lapis-lazuli. »

Enfin, la manière et la modification; exemple : *ṯa kame-t em ḥeb-u* « (Le roi) a mis l'Égypte en fêtes. »

[1] Inscription du tombeau d'*Ahmes*, chef des nautonniers, l. 4, mot à mot : « à l'état d'enfant. »

[2] Voyez ci-après, n° 160.

[3] *Histoire des deux frères*, p. 9, l. 9.

[4] *Ibid.* p. 4, l. 1.

DES ARTICLES.

149. Le copte possède un article indéfini, dont le singulier est ⲟⲩ, abrégé évident de ⲟⲩⲁ « un. » Nous n'avons remarqué rien de semblable dans les premiers monuments de la langue égyptienne; mais on trouve souvent, dans le langage du second empire, un emploi du pronom vague [hiéroglyphes] *uā* « un » qui équivaut exactement à l'article indéfini de la langue copte : *uā* se combine alors très-souvent avec la particule de jonction [hiéroglyphe] *n;* exemples : [hiéroglyphes] *uā-n-sefent* « un glaive, » [hiéroglyphes] *uā-n sa tai* « un enfant mâle, » [hiéroglyphes] *uā-n mu āa* « un grand cours d'eau [1]. » On voit naître dans cette locution l'article copte ⲟⲩ, qui, dans l'écriture démotique, se distingue déjà du pronom vague *uā* par un sigle plus abrégé [2].

L'article indéfini pluriel est, en copte, ϩⲁⲛ, ϩⲉⲛ, ϩⲛ̄ : rien d'analogue n'a été remarqué dans les textes pharaoniques [3].

150. L'article défini [4] existait depuis une très-haute antiquité, mais il était rarement employé, en sorte que l'on peut considérer l'abondance des articles comme un premier critérium à appliquer pour apprécier l'âge relatif des textes égyptiens.

L'article masculin se compose de la lettre *p* à laquelle s'ajoutaient diverses voyelles vagues. La forme la plus ancienne est [hiéroglyphe] *p;* avec la voyelle, [hiéroglyphes] *pa,* ou par l'orthographe pléonastique [hiéroglyphes]; on trouve également [hiéroglyphes] *pai* et [hiéroglyphes] ou [hiéroglyphes] *pi.* Les formes [hiéroglyphe], [hiéroglyphes] sont également pharaoniques [5]. Les divers

[1] *Histoire des deux frères,* p. 6, l. 6; p. 7, l. 9, et p. 8, l. 9.

[2] Voyez Brugsch, *Grammaire,* n° 168, et dans son *Tableau général,* n° 129.

[3] Cette forme peut provenir de [hiéroglyphes] *ḥā-n* « un nombre de ..... »

[4] Comparez Champollion, *Grammaire,* n°s 154 et suivants.

[5] La forme [hiéroglyphe] indiquée par Champollion est au contraire de très-basse époque; dans les exemples de noms composés qu'il cite, le signe [hiéroglyphe] est pris pour [hiéroglyphe] *her* « le supérieur, » ainsi qu'il l'a lui-même reconnu. (Voyez Champollion, *Grammaire,* n° 163.)

articles masculins du copte ⲡ, ⲡⲉ, ⲡⲓ, ⲫⲓ ont conservé fidèlement la prononciation égyptienne.

L'article féminin est ta, les formes , , sont plus rares et plus récentes. Cet article était encore moins usité que le masculin dans la haute antiquité; le genre était simplement indiqué par le final. Ainsi que nous l'avons fait remarquer, la forme antique sans article s'était conservée dans la prononciation des noms propres féminins, même après l'introduction de l'article dans l'orthographe écrite. C'est ainsi qu'on prononçait « Senisis » le nom écrit déjà *ta-se-t-n-ås* (la fille d'Isis). Les formes coptes ⲧ, ⲑ, ⲧⲉ, ϯ sont identiques avec les anciennes.

L'article pluriel est *na* pour les deux genres. On trouve indifféremment les variantes , ; est plus rare; seul se trouve surtout à l'époque saïte. La forme , s'introduit vers la XIXe dynastie. Le copte le transcrit exactement par ⲛⲉ, ⲛⲓ.

151. Nous avons vu tout à l'heure la particule de jonction *n* complétant l'article indéfini *uā;* la même combinaison a produit l'article pluriel de la forme *na-n* dont l'usage est très-fréquent; exemple: *na-n šauabu* « les perséas[1]. »

Cet article pluriel est quelquefois remplacé par le groupe *nen* ou ses variantes , ; exemple : *nen nuter-u* « les dieux[2]. » Le copte a conservé la forme identique ⲛⲉⲛ[3].

[1] *Histoire des deux frères*, p. 18, l. 1.

[2] La position de , avant le substantif, doit empêcher de le confondre ici avec l'article démonstratif qui se place toujours après.

[3] L'existence de cet article pluriel antique *nan, nen,* me fait croire que Peyron a eu tort de considérer l'emploi de ⲛⲉⲛ comme fautif pour l'article pluriel du copte. (Voyez Peyron, *Grammaire copte,* p. 31.)

ARTICLES DÉMONSTRATIFS.

152. Le copte possède une classe d'articles démonstratifs : singulier masculin, ⲡⲁⲓ, ⲡⲉⲓ « ce, cet; » féminin, ⲧⲁⲓ, ⲧⲉⲓ « cette; » pluriel, ⲛⲁⲓ, ⲛⲉⲓ « ces. » Ces articles apparaissent en démotique sous les formes *pui, tui, nai;* mais, ainsi que le remarque M. Brugsch[1], ce fait ne se manifeste que dans les textes démotiques les plus récents. Champollion enregistre[2] comme ayant la force d'articles démonstratifs les groupes : masculin ou *pai;* féminin ou *tai;* pl. *nai.* L'emploi de cette sorte d'article est rare; les cas remarqués par Champollion sont tous tirés du grand récit du combat de Ramsès II contre le prince de *χeta*, au Ramesseum; voici le texte du meilleur exemple[3] :

ptâr *âr-na-seṭem* *em* *tai* *unut* *etc.*

Voici que j'apprends dans cette heure, etc.

153. L'article démonstratif le plus usité dans les textes égyptiens se distingue par un caractère tranché; il se plaçait toujours après le substantif ainsi caractérisé. On en connaît deux variétés; la seconde présente encore l'addition de l'*n* :

Singulier masculin *pui;* variantes , , *pu* et même ou *pfi*[4].

[1] Voyez Brugsch, *Grammaire*, n° 174.

[2] Voyez Champollion, *Grammaire*, n° 157.

[3] Le texte, tel qu'il se trouve dans la grammaire de Champollion, est fautif; il faut ici compléter l'inscription du Ramesseum par celle d'Abou-Simbel. L'exemple tiré du même texte n'est pas aussi concluant pour le pluriel *nai*, parce qu'une des versions porte *na* avec le signe du pluriel : c'est l'article ordinaire.

[4] Pour cette variante, voyez le n° 32, note.

Singulier féminin *tui;* variantes , , très-rarement *tfi.*

Pluriel commun *àpu;* variantes , .

Comme la voyelle vague *u* répond presque toujours dans la grammaire à un ⲉ copte, les formes *pui, tui* se retrouvent dans les démonstratifs ⲡⲉⲓ, ϯⲉⲓ; mais le pluriel *àpu* est remplacé, en démotique, par *ni,* et en copte par ⲛⲉⲓ, qui se rapportent à l'article précédent. Ces démonstratifs, se confondant de plus en plus avec le rôle grammatical des articles, étaient déjà, en démotique, passés devant le substantif[1].

154. La seconde variété est également ancienne; elle est caractérisée par la nasale :

Singulier masculin *pen;* variante plus récente.

Singulier féminin ou *ten;* variantes , .

Le pluriel *àpen* est plus rare; exemple : *ḥeb-u àpen*[2].

Le style du premier empire employait pour le pluriel de l'article démonstratif la forme *peten.* L'inscription d'Una montre plusieurs fois les groupes (*tes-tu*) *peten* « ces régions » et *tes-tu peten* « ces soldats[3]. »

Cet article démonstratif augmenté de la nasale apparaît encore quelquefois dans les textes démotiques; il est complétement perdu dans le copte.

[1] Voyez les exemples démotiques dans Brugsch, *Grammaire,* n° 172, *pui alu* « cet enfant, » *ni hru* « ces jours. »

[2] Inscription de Rosette, l. 11, et dans le même endroit *hru-u àpen* « ces jours. » (Voyez Champollion, *Grammaire,* n° 159, pour les nombreux exemples des démonstratifs *pen* et *ten.*)

[3] Voyez, dans le *Mémoire sur les six premières dynasties,* l'inscription d'*Una,* aux lignes 18, 22, 28, 30. On reconnaît par les exemples cités ici que le mot *peten* est bien au pluriel. M. Brugsch, *Dictionnaire,* p. 467, donne cette même forme *peten* comme appartenant au singulier, dans un texte qui m'est encore inconnu. Le papyrus de Leyde, expliqué par M. Pleyte, présente la forme *àpten* qui n'est qu'une variante de *àpen.* (Voyez Pleyte, *Études,* p. 86, *ät-uf àpten* « ces membres à lui; » *àpten,* dans ce texte, est en parallélisme constant

155. L'article pluriel nen s'employait également avec la valeur démonstrative; on le mettait alors après le substantif; exemple : *ḥâ-u nen* « ces chefs[1]. » Très-souvent aussi *nen* est employé pour le neutre : « ceci, cela, ces choses, » comme dans les locutions *m-χet nen* « lorsque ces choses (furent arrivées), » ou *ḥer sa nen* « après cela, » et *mâ nen* « comme ceci, comme cela. »

DE L'ARTICLE ATTRIBUTIF.

156. Le copte possède un article spécial impliquant attribution du sujet de cet article au substantif qui suit : singulier masculin sahidique ⲡⲁ, memphitique ⲡⲁ, ⲫⲁ; singulier féminin sahidique ⲧⲁ, memphitique ⲧⲁ, ⲑⲁ; pluriel ⲛⲁ. Le langage démotique les possédait également[2], et les transcriptions grecques ϖα, φα, τα, θα en donnent la prononciation. Ces articles jouent le même rôle que l'article grec dans les locutions ὁ τοῦ, ὁ τῆς, ἡ τοῦ, etc. Champollion indique, pour cet emploi de l'article, les formes , , *pā, tā,* qui sont de très-basse époque[3]. Dans les textes pharaoniques on se servait, quoique assez rarement, pour le même usage, de l'article ordinaire *pa, ta, na;* exemple : *na p-to en per-āa* « (Les chefs) ceux du pays du pharaon[4]. »

157. Les formes les plus usitées pour l'article attributif étaient avec *pen,* qu'on trouve quelquefois aussi pour le pluriel.)

[1] Voyez la stèle de *Pianχi meriamun*, l. 11.

[2] Voyez Brugsch, *Grammaire,* n° 185.

[3] Voy. Champollion, *Gramm.* n° 162. Le groupe que Champollion donne (n°s 163, 164) comme le pluriel de cet article est la particule de jonction usitée pour le génitif au pluriel. (Voy. ci-dessus n° 144.)

[4] Grande inscription de Ramsès II à Abou-Simbel. C'est à tort, suivant nous, que M. Brugsch confond sous le même article le démonstratif *pen* et l'article attributif *pan, pen.* (Voyez Brugsch, *Dictionnaire,* p. 467.) La place, par rapport au substantif, distingue suffisamment ces deux locutions. Les signes ajoutés au mot *roi* constituaient comme un sigle honorifique.

pa-n, *ta-n*, *na-n*, ou *pen*, *ten*, *nen* avec la particule de jonction *n*. Une série de noms propres est ainsi composée; exemples: *pen-basa* « celui du dieu Besa, » *pen-ta-uer* « celui de la déesse *Tauer*. »

Dans l'énumération des chefs qui combattirent Ramsès II, toute la série est indiquée par la tournure suivante :

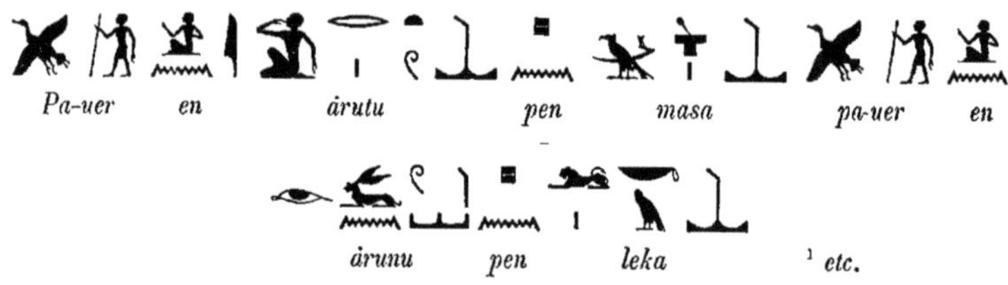

Pa-uer en ârutu pen masa pa-uer en ârunu pen leka [1] *etc.*

Le chef d'*Arutu*, celui de *Masa*, le chef d'*Arunu*, celui de *Leka*, etc.

Le décret bilingue de Canopus emploie cet article attributif pour indiquer la filiation : *Apulanites pen māuskian* traduit Ἀπολλωνίδου τοῦ Μοσχίωνος. Cet usage n'est pas ordinaire dans le style pharaonique, mais la langue démotique se servait à l'époque de ce dernier monument des articles attributifs pour désigner particulièrement la filiation féminine.

REMARQUES SUR L'EMPLOI DE L'ARTICLE.

158. L'article singulier se place très-souvent devant un substantif au pluriel; c'est ce qu'on remarque surtout quand le nombre est exprimé. Les individus ainsi réunis semblent être envisagés comme une collection; exemples : *pa âfte-ba-u* « les quatre esprits, » *ta âfte-t mesχen-t* « les quatre demeures *mesχen*, » *ta sefeχ ha-*

[1] Papyrus Sallier III, p. 4, l. 5. Le texte de Karnak porte, comme variante, *pen p-masa* ..... *pen p-leka* « celui du Mysien, celui du Lycien, » indiquant par l'article qu'il s'agit d'un nom de peuple.

ḥor « les sept déesses Hathor ; » *Ta pa-tu*[1] « le cycle des neufs dieux » ou, en général, des dieux vénérés ensemble. On remarque le même usage avec des nombres très-considérables, comme *p-* (2,500) (*ā*)-*n-ḥetar* « les deux mille cinq cents biges[2]. » Je trouve également l'article singulier pour le duel : *pi-šauabu sen* « les deux perséas[3]. »

159. L'article s'employait aussi devant les adjectifs ; exemples : *p-āa* « le grand, » *p-šerau* « le jeune, le petit. » Il détermine aussi certains pronoms vagues comme *p-uā* « l'un » *ta-ketta* « l'autre » (féminin). Nous le retrouverons encore dans divers composés, au chapitre des pronoms.

L'article détermine quelquefois, au lieu d'un seul substantif, tout un sujet complexe ; exemple : *pa-ȧtaṭ nna* « ce qui nous a été dit, » mot à mot « le qui a été dit à nous[4]. »

160. Les articles s'employaient au vocatif, et le copte memphitique a conservé cet usage ; aussi les rencontre-t-on très-fréquemment après les exclamations ; exemples : *ȧ! p-ȧfte āāni-u ȧpu* « ô (vous) ces quatre singes[5] ! » *ȧχ pa betau āa!* « ah ! l'infamie énorme ! » (quelle grande infamie !)[6].

Dans les allocutions, l'article démonstratif suivant le substantif

[1] Je ne crois pas que dans ce terme collectif le groupe doive être prononcé : je le considère comme déterminatif.

[2] P. Pentaur, p. 3, l. 9 (P. Sallier, III), litt. « main ou paire de chevaux. » La prononciation de dans ce sens est douteuse.

[3] *Histoire des deux frères*, p. 18, l. 1. Comparez *ibid.* l. 3 : *nan šauabu en per-āa* « les perséas du roi, » avec l'article pluriel *nan*, le nombre n'étant pas exprimé.

[4] *Hist. des deux frères*, p. 11, l. 7 « Le roi dit : c'est excellent ce qu'on nous a dit. »

[5] *Todtenbuch*, ch. CXXVI, 1 ; allocution aux quatre cynocéphales, purificateurs de l'âme.

[6] *Histoire des deux frères*, p. 3, l. 10, allocution de *Batu* à sa belle-sœur.

était extrêmement usité; exemples pour les deux formes : *à nuter pfi* « ô (toi) ce dieu! » *à àatu tui* « ô (toi) cette demeure! » *ànt' ḥer-k nuter pen nefer* « hommage à toi! ce dieu bon, » *mà-t ten* « ô (toi) cette chatte[1]! »

DES ADJECTIFS.

161. L'adjectif ne se distinguait pas du substantif par une forme particulière. Le copte a conservé quelques adjectifs de ce genre, tels que ⲛⲟϥⲣⲉ = *nefer* « bon, beau; » mais cette langue emploie deux autres classes d'adjectifs. Dans la première, le radical est augmenté d'un suffixe personnel[2] variant avec le genre et le nombre, comme ⲛⲁⲛⲉ « bon, » ⲛⲁⲛⲉϥ « bonus, » ⲛⲁⲛⲉⲥ « bona. » La langue antique ne nous fournit d'exemples semblables que pour certains adjectifs numéraux qui participent de la nature des pronoms[3].

Une seconde classe d'adjectifs qualificatifs résulte, en copte, de la particule ⲛ préposée à un substantif : ⲛ̀ⲛⲟⲩⲃ « aureus » répond exactement à la locution antique *n nub* « d'or. » Ce ne sont pas de véritables adjectifs.

Les autres formes adjectives du copte composées avec les préfixes ⲉⲧ et ⲉϥ, ⲉⲥ, etc. ont aussi leurs analogues dans les préfixes antiques *àu-tu*, *àu-f*, *àu-s;* mais les mots ainsi obtenus appartiennent réellement au paradigme du verbe, où ils constituent des adjectifs verbaux et des participes.

[1] Stèle Metternich, allocution à la chatte, fille du soleil.

[2] Voyez ci-après, nos 169 et suiv.

[3] Voyez, ci-après, le mot *ter,* en copte ⲧⲏⲣ « omnis, totus. » Quant aux noms propres analogues à *Seneb-f,* *Seneb-s,* etc. qui sembleraient au premier abord indiquer la même composition que l'adjectif copte, ils doivent, suivant nous, être expliqués par une ellipse. C'est ce que montre clairement la forme *Seneb-sen,* où le suffixe est au pluriel. Voyez ci-dessus, n° 137.

L'égyptien se servait fréquemment d'une forme adjective produite par les terminaisons *i*, *ai* indiquant la dérivation[1]; exemple: *àmeni* « l'Amonien. » Cette forme se retrouve pour le participe présent; son pluriel est en *iu*.

On trouve assez rarement la finale *ai*, indiquant un ethnique; exemple (*sebti hat*)-*ai* « celui qui est du mur blanc » ou memphitique[2].

162. La qualification des individus en général, soit comme habitant telle région, soit comme exerçant telle profession ou appartenant à telle classe d'hommes, était indiquée par l'addition d'un oiseau dont la figure varie singulièrement suivant les époques[3]. Le type ordinaire est ou ; peut-être idéographique à l'origine, ce caractère double ou remplace la syllabe *ti*, prononciation affectée à cette dérivation; exemples : *àb-tiu* « orientaux, » *res-tiu* « méridionaux[4], » *hen-tiu* « laboureurs, » etc.[5]

163. L'adjectif suit le genre et le nombre de son sujet; le féminin est souvent noté par la répétition des marques féminines ou *t;* mais les scribes ou les graveurs omettaient quelquefois ces compléments orthographiques.

Le pluriel est indiqué, comme pour le substantif, soit phonétiquement par la finale *u*, soit idéographiquement par , quelquefois aussi par la triplication du mot; exemple : *àa-u* « grands. »

[1] Nous croyons qu'on peut chercher l'origine de cette terminaison dans le verbe *i* (forme pleine *ài*) « venir, aller. » Il est certain que l'orthographe du nom de Ménès fait allusion à cette étymologie : *meni*, tiré du radical *men*. Cette finale peut être comparée aux dérivés sémitiques en י, ית.

[2] Voyez Brugsch, *Géographie*, p. 122. Les exemples sont peu anciens. Cette finale ethnique *ai* se retrouve notamment en assyrien, en éthiopien, etc.

[3] Voyez ci-dessus, n° 67, T. 7.

[4] Champollion, *Grammaire*, p. 328.

[5] Inscription de *Pianχi*, l. 9.

Le duel est représenté aussi graphiquement par la duplication du mot; exemple : *taχen-ui uer-ui* « deux grands obélisques. » On écrivait quelquefois phonétiquement cette terminaison *ui* que les adjectifs pouvaient recevoir aussi bien que les substantifs; exemple : *neter (sen) uer-ui āa-ui* « deux dieux grands, grands[1]. »

DES DEGRÉS DE COMPARAISON.

164. Le jugement énoncé à la suite de la comparaison peut prononcer l'infériorité, l'égalité ou la supériorité. Nous ne connaissons pas de formule égyptienne répondant à « moins; » l'idée d'infériorité était probablement rendue par les adjectifs privatifs ou de sens fâcheux tels que « petit, vil, mauvais. »

Le jugement d'égalité ou d'assimilation s'exprimait ordinairement par la particule *mā* « comme, » qui abonde dans tous les textes[2]; exemples : *āa mā rā* « grand comme le soleil, » *neχt mā mentu* « vaillant comme Month. » L'égalité ou l'assimilation sont aussi quelquefois indiquées par la particule *er*, qui implique d'une manière plus générale la direction de l'esprit vers l'objet servant de terme à la comparaison[3]. Dans ce sens, la particule *er* est traduite, dans le texte bilingue du papyrus Rhind, par le sigle démotique pour *ma*[4].

165. La supériorité est exprimée par la particule *er* devenue en copte ε (εpo avec les suffixes). L'adjectif reste invariable;

[1] Voyez Champollion, *Grammaire*, p. 326.

[2] Variantes graphiques ; la forme ou se prononçait probablement *māti*.

[3] Cette acception peut embarrasser quelquefois parce que la même particule détermine ordinairement le comparatif de supériorité.

[4] Comparez Brugsch, loco laudato, n° 342, *b;* il traduit le sigle par « comme, » mais il le lit *χa*.

EXEMPLE :

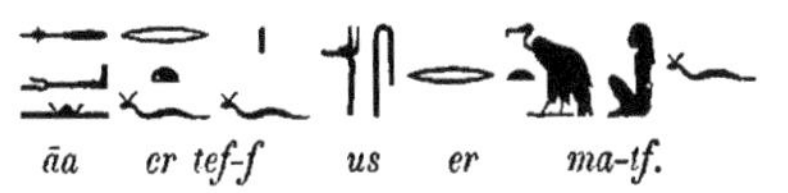

āa er tef-f us er ma-tf.

Plus grand que son père, plus puissant que sa mère[1].

Très-rarement l'adjectif prend l'article dans ce comparatif; exemple : *χer p-āa er-à* « or (il est) mon aîné, » ou mot à mot « le grand sur moi[2]. »

DES SUPERLATIFS.

166. Le superlatif absolu se rendait par l'addition de certains qualificatifs pris adverbialement. Voici les formules les plus usitées :

1° L'addition de *uer* « grand, considérable[3]; » exemples : *āa uer* « très-grand, » *àšu uer* « très-nombreux, » *χu uer* « excellent. »

2° *àker* « beaucoup, » ou, avec le signe de la réduplication ou, *àker àker*, *er àker àker*; exemple : *netem er àker àker* « très-agréable » ou « très-bon[4]. »

3° *neχt* « fort; » exemple : *àn-f ḥat neχt* « sa couleur est très-blanche[5]. »

---

[1] Titres d'Osiris sur la stèle de *χemmes*, au musée du Louvre.

[2] *Hist. des deux frères*, p. 3, l. 10. Cette valeur de gouvernant l'objet comparé se retrouve dans la locution *χu er* « l'emporter sur, valoir mieux que. »

[3] L'idée d'une quantité considérable en général est conservée dans la locution copte ⲚⲞⲨⲎⲢ « quantus. » Le décret de Canopus traduit ἐπὶ πλεόν par *er āa uer.*

[4] *Histoire des deux frères*, p. 2, l. 7. Cette forme de superlatif se retrouve exactement en copte, où l'on ajoute aux qualificatifs les adverbes ⲈⲘⲀⲦⲈ, ⲈⲘⲀϢⲰ « valde, » et ⲈⲘⲀⲦⲈ ⲈⲘⲀⲦⲈ « valde valde. »

[5] Brugsch, *Recueil*, p. 87, l. 14. Cet exemple est de basse époque.

Nota. — On trouve encore diverses locutions amenant l'idée du superlatif; par exemple, la triplication du mot : *neb neferu* « seigneur des grâces, » en grec εὐχάριστος; c'est une sorte de pluriel d'excellence. Le titre du dieu Thoth *äa äa*, traduit μέγας καὶ μέγας, est encore un superlatif absolu.

167. Le superlatif relatif résulte quelquefois simplement de ce que le terme conséquent est mis au pluriel; exemple : *äa neter-u* « le plus grand des dieux. » La particule de jonction *n* se trouve souvent écrite avant le conséquent : *äa n neter-u tiu* « le plus grand des cinq dieux[1], » *nefer-u en ḥes-u* « les meilleurs des chants. »

Le conséquent peut quelquefois être au singulier; ainsi *nefer p-s (t) imu* « le meilleur de l'herbe, » pour « les meilleures herbes[2]. »

A la place de cette forme, on employait souvent le comparatif ordinaire, en qualifiant le conséquent par un adjectif de totalité; exemple :

äu-s(t) nefer em ḥā-tus(t) er se(t)-hime(t) neb(t) nti em to-ter.

Elle était belle dans sa personne plus qu'aucune femme du monde entier.

pour « la plus belle des femmes[3]. »

168. *Nota.* — L'esprit égyptien aimait l'accumulation des épithètes et des adverbes; aussi trouve-t-on quelquefois réunis tout à la fois les superlatifs relatif et absolu; c'est ainsi qu'il est dit du frère aîné de *Batu* que « le roi l'aima »

[1] Voy. Champollion, *Gramm.* p. 330.

[2] *Histoire des deux frères*, p. 1, l. 10. « Ses vaches lui disaient les meilleures « herbes, car il entendait toutes leurs pa« roles. »

[3] *Histoire des deux frères*, p. 9, l. 8.

er àker àker er ret neb nti em p-ta er-ter-f.

Beaucoup, beaucoup, plus qu'aucun homme du monde entier[1].

On ne devra pas oublier dans l'analyse de certaines phrases difficiles qu'une des formes n'exclut pas la présence de l'autre.

DES PRONOMS.

PRONOMS PERSONNELS.

169. La détermination des trois personnes que distingue la grammaire réside, en égyptien comme en copte, dans un système d'affixes tout à fait conformes, pris en bloc, à ceux du cycle sémitique, quoique l'emploi en soit réglé un peu différemment. On doit remarquer que, dans l'égyptien, ces marques personnelles étaient essentiellement postfixes. En copte, elles sont au contraire souvent devenues préfixes pour la conjugaison; nous chercherons à reconnaître les causes de ce changement et à en suivre les traces.

Les marques personnelles varient au singulier avec le genre pour la 2e et la 3e personne; le pluriel est commun. Sauf un très-petit nombre d'exceptions, leurs formes restent les mêmes pour la signification possessive, pour la conjugaison des verbes et pour leur emploi comme complément direct. Ces règles constituent la physionomie particulière de la langue égyptienne par rapport aux affixes pronominaux.

170. La 1re personne offre deux types; l'expression ordinaire est une des voyelles vagues *u*, *à;* très-souvent elle est rendue idéographiquement par l'image de la personne qui parle :

[1] *Histoire des deux frères*, p. 15, l. 6.

« homme, » « femme, » « dieu, » etc. quelquefois l'image est remplacée par un simple trait I ou par le groupe I ; ces voyelles répondent aux affixes coptes ɪ, ⲁ, de même valeur[1].

Le second type est la lettre k, vocalisée *kà, ku, kuà*. On trouve les groupes , , , , , et même seul, malgré la confusion qui peut en résulter avec la 2e personne.

Remarque. — La forme *ku, kua* semble emphatique; nous l'avions d'abord considérée comme résultant de l'addition d'une particule avant l'affixe; mais il paraît préférable de reconnaître ici à *k* une valeur personnelle. Elle se retrouve dans l'éthiopien et elle apparaît également dans la finale du pronom absolu *ànuk* comparé aux autres pronoms personnels[2].

171. La 2e personne est caractérisée par *k*, en copte ⲕ, au masculin. Le féminin est ou *t;* celui-ci ne subsiste en copte que dans le préfixe du présent, ⲧⲉ; ailleurs, ce n'est plus qu'une simple voyelle : sahidique ⲉ, memphitique ɪ, ⲉ. Peut-être cette forme, où la finale *t* s'est oblitérée, appartenait-elle déjà à la langue parlée du temps de la XIXe dynastie, car, dans les papyrus, la 2e personne du féminin est souvent écrite comme la 1re, ce qui indiquerait une simple voyelle[3].

172. La 3e personne est, pour le masculin *f; f* apparaît dès la XXe dynastie; la figure *f* est de basse époque. Le copte ϥ est identique avec cet affixe.

[1] La langue berbère, qui présente des analogies grammaticales très-intéressantes avec l'égyptien, se sert ici des affixes *i, u, iu*.

[2] Le berbère possède également pour la 1re personne l'affixe غ, très-voisin de notre , et réduit comme lui à un seul emploi, à savoir la 1re personne des verbes.

[3] Il faut cependant observer que le sigle démotique correspondant semble provenir du *t*. Voyez Brugsch, *Grammaire démotique,* n° 158.

Une seconde forme, d'un usage restreint comme affixe, est le pronom [hiéroglyphe] *su*, sur lequel nous reviendrons plus loin et pour lequel le vague des voyelles amène les variantes [hiéroglyphe] *si* et [hiéroglyphe] *s*[1].

Le féminin est représenté par [hiéroglyphe] *s*, en copte c. Souvent on lit les groupes [hiéroglyphe], [hiéroglyphe] augmentés de la marque du féminin; quelquefois même on écrivait [hiéroglyphe], avec les deux formes de l'*s* réunies; nous transcrivons *s*(*t*) parce que nous doutons beaucoup que ce *t* [hiéroglyphe] final ait été réellement prononcé; il est certain que les formes [hiéroglyphe] ou [hiéroglyphe] et [hiéroglyphe], [hiéroglyphe], [hiéroglyphe] s'échangent sans difficulté.

173. Le pluriel est commun aux deux genres :

1re personne [hiéroglyphe] *na*, très-rarement [hiéroglyphe] seul aux temps pharaoniques; il répond au copte ⲉⲛ, ⲛ̀, ⲛⲁ.

La 2e personne est *ten* écrit [hiéroglyphe] ou [hiéroglyphe], [hiéroglyphe], [hiéroglyphe][2]; en copte ⲧⲏ̄ⲛ, ⲧⲉⲛ.

La 3e personne possède deux types, au pluriel comme au singulier; le premier (correspondant à [hiéroglyphe]) est *u*, écrit [hiéroglyphe], [hiéroglyphe], [hiéroglyphe], [hiéroglyphe][3]; c'est celui que le copte emploie dans presque tous les cas : ⲟⲩ, ⲉⲩ, etc. Le second, *sen* (correspondant à [hiéroglyphe], *su*), est le plus usité dans l'antiquité; il s'écrit [hiéroglyphe] ou [hiéroglyphe], quelquefois aussi [hiéroglyphe]; cette dernière forme varie avec les autres. Nous la transcrivons *sẽ*; nous pensons que ce n'est qu'une variante d'écriture avec [hiéroglyphe] comme complément graphique et omission de l'*n*[4].

On trouve très-rarement dans les papyrus une forme [hiéroglyphe] *un*

[1] L'affixe berbère des formes *is*, *as*, *s* est commun aux deux genres pour la 3e personne du singulier.

[2] Dans cet affixe, *t* représente la 2e personne et *n* le pluriel; l'égyptien les réunit toujours, tandis que dans les idiomes sémitiques et dans le berbère le *t* passe quelquefois devant le radical.

[3] La forme [hiéroglyphe], sans la voyelle, que nous avons quelquefois relevée, peut être fautive, car elle se confondrait avec la marque du pluriel.

[4] Voir pour l'omission de l'*n* le n° 44 ci-dessus, et la note. Le berbère distingue ici le genre : 3e personne, masculin, *sen*; féminin, *sent*. Cette dernière forme est remarquable comme trace de la prononciation du *t* final féminin, ce qui d'ailleurs s'observe dans toute la grammaire de cette langue.

qui se caractérise comme une variété de *u*, elle est surtout employée dans le papyrus judiciaire de Turin. En revanche, la forme *su*, égalment rare, correspond à avec perte de la nasale; elle est reproduite exactement dans le préfixe copte ⲤⲈ, du présent et du futur.

RÉSUMÉ DES AFFIXES PERSONNELS.

SINGULIER.

1re pers. *u*, *à*, , , , , , ;

ku, *kuà*, , , , , , .

2e pers. masc. *k*, (B. E.);

fém. *t*, , , , .

3e pers. masc. *f*, , (B. E.);

su, , , ; *si*, , ;

fém. *s*, , ; *se* (*t*?) , , .

PLURIEL.

1re pers. *na*, , , , .

2e pers. *ten*, , , , .

3e pers. *u*, , , , ; *un* , ,

sen, , , ; *su*, .

174. Les affixes personnels s'annexent à la suite des noms, des articles, des verbes et des particules; de plus ils empruntent éga-

lement à des mots de diverses espèces des supports avec lesquels ils composent des pronoms personnels absolus; mais ils n'ont d'ailleurs dans la langue égyptienne aucune existence propre et isolée. Cependant les pronoms *su* et *sen* font exception à cette règle. Il semble que la sifflante initiale leur donne une consistance plus grande et une valeur comparable à celle des pronoms absolus; aussi peuvent-ils remplacer seuls un substantif et servir de sujet à un verbe; exemples : *su tennu* « quel est-il? (lui qui?) » *su uār er-ḥā-t ḥen-f* « (lui) il a fui devant sa majesté [1]. » Un nom propre que nous avons remarqué sous la XIIe dynastie est ainsi composé : *su m χāu-f* « lui à son lever, » c'est-à-dire « le soleil levant. »

Le pluriel *sen* avait la même puissance; on lit dans le texte cité tout à l'heure, après l'énumération des nations ennemies : *sē āper χer (menfi-u)* « ils étaient bien pourvus de soldats [2] (et de cavalerie, etc.), » et, un peu plus loin, il est dit des bataillons ennemis « nombreux comme les sables » *sē ḥā n-ḥa (keṭes̆)* « ils se tenaient derrière Kades [3]. »

Remarque. — Le pronom *su* partageait avec le féminin *s* le privilége de figurer pour le neutre; exemple : « le roi fit couper les arbres et se tenait là; » *ptar su suten ḥime-t* « regardait cela la femme du roi [4]. »

DES AFFIXES POSSESSIFS.

175. Les affixes personnels étant joints à un substantif l'attri-

[1] Récit de la bataille de *Kades̆*, au Ramesséum et à Abou-Simbel.

[2] *Ibid.*

[3] Les pronoms *su, sen* présentent les analogies les plus frappantes avec הו, הן הם. La sifflante se substitue à l'aspiration comme, dans la forme causative, l'*s* initial de l'égyptien et de la voix *Saphel* remplaçant *hiphil*. Les affixes assyriens שו, שן et, dans le berbère, les affixes de la 3e personne, singulier *s, as, is,* pluriel *sen, sent,* reproduisent manifestement les mêmes types.

[4] *Histoire des deux frères*, p. 8, l. 2.

buent à la personne indiquée; le tableau suivant résume ces rapports :

SINGULIER.

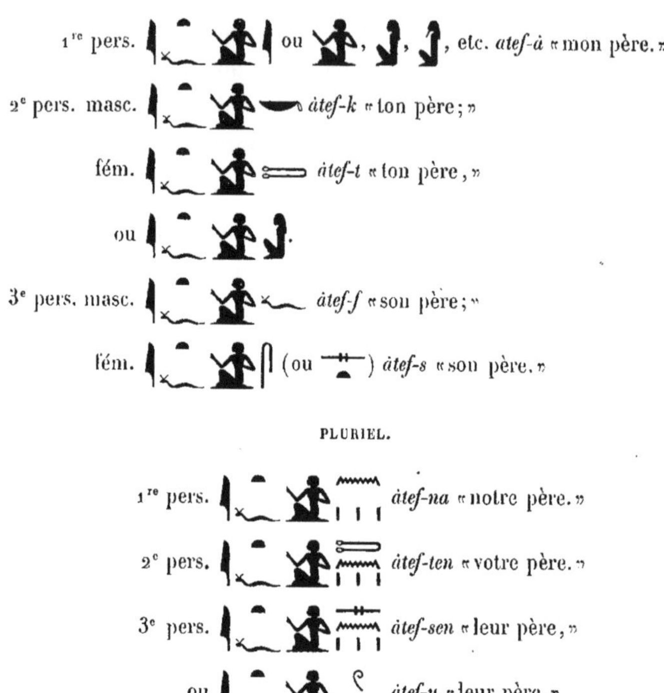
1re pers. ou , , , etc. *atef-à* « mon père. »
2e pers. masc. *àtef-k* « ton père; »
fém. *àtef-t* « ton père, »
ou .
3e pers. masc. *àtef-f* « son père; »
fém. (ou) *àtef-s* « son père. »

PLURIEL.

1re pers. *àtef-na* « notre père. »
2e pers. *àtef-ten* « votre père. »
3e pers. *àtef-sen* « leur père, »
ou *àtef-u* « leur père. »

Cette manière d'exprimer l'attribution personnelle était peut-être la seule usitée dans le langage des très-anciennes époques. Le copte ne s'en servait plus qu'exceptionnellement et pour un petit nombre de substantifs; mais il a conservé scrupuleusement cette tournure antique pour tous les mots pris dans une acception prépositionnelle, comme ⲣⲟ « bouche, » ⲧⲟⲧ « main, » ϩⲣⲁ « visage; » exemples : ⲉϩⲣⲁⲓ « sur moi, » ⲉϩⲣⲁⲕ sur toi, » ⲉⲣⲟϥ « à lui, » etc. Cette méthode concrète et qui rappelle le génie sémitique avait peu à peu cédé la place à l'article possessif dont les monuments nous montrent l'invasion progressive et parallèle à celle de l'article;

il occupe déjà une large place dans la langue sous la XIXe dynastie[1].

DES ARTICLES POSSESSIFS.

176. L'article ordinaire, augmenté des affixes personnels, produit les articles possessifs. Dans le copte, la forme sahidique suffira pour montrer le rapport intime des deux idiomes sur ce point. Les variétés graphiques détaillées ci-dessus pour l'article[2] se reproduisent dans l'article possessif; nous nous bornerons à les enregistrer pour la 1re personne.

SINGULIER, SUJET MASCULIN.

1° *Possesseur au singulier*[3].

1re pers. *pai-à* « mon, » copte ⲡⲁ.

Variantes abrégées , *pi-à*, *p-à*.

Variantes plus récentes *pui-à*,

ou , , *pui-à*, *pi-à*, *p-à*.

Le féminin change seulement la figure de l'homme possesseur en .

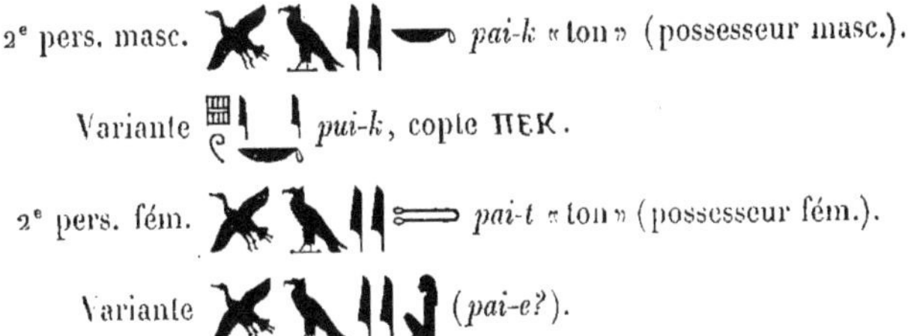

2e pers. masc. *pai-k* « ton » (possesseur masc.).

Variante *pui-k*, copte ⲡⲉⲕ.

2e pers. fém. *pai-t* « ton » (possesseur fém.).

Variante (*pai-e?*).

[1] Comparez Champollion, *Grammaire*, n° 222. Nous ne pouvons partager ici les premières vues du maître, qui croyait reconnaître dans les affixes possessifs un simple abrégé graphique des articles possessifs *paiá*, *paik*, *paif*, etc.

[2] Voir le n° 150.

[3] Comp. Champollion, *Gramm.* n° 219.

Variantes plus récentes [hiéroglyphes] *pui-t* (*pui-e?*), copte ⲠⲞⲨ, ⲠⲈ.

3e pers. masc. [hiéroglyphes] *pai-f* « son » (possesseur masc.).

Variante récente [hiéroglyphes] *pui-f*, copte ⲠⲈϤ.

3e pers. fém. [hiéroglyphes] *pai-s* « son » (possesseur fém.).

Variante récente [hiéroglyphes] *pui-s*, copte ⲠⲈⲤ.

2° *Possesseurs au pluriel.*

1re pers. [hiéroglyphes] *pai-na* « notre. »

Variante récente [hiéroglyphes] *pui-na*, copte ⲠⲚ̄.

2e pers. [hiéroglyphes] *pai-ten* « votre. »

Variante récente [hiéroglyphes] *pui-ten*, copte ⲠⲈⲦⲚ̄.

3e pers. [hiéroglyphes] *pai-sen* « leur. »

Variante récente [hiéroglyphes] *puisen.*

La même, avec l'affixe *u*, [hiéroglyphes] *pai-u.*

Variante récente [hiéroglyphes] *pui-u*, copte ⲠⲈⲨ, ⲠⲞⲨ.

SUJET FÉMININ.

Possesseur au singulier.

1re pers. [hiéroglyphes] *tai-à* « ma. »

Le possesseur féminin se distingue par la figure [hiéroglyphe].

2e pers. masc. [hiéroglyphes] *tai-k* « ta » (possesseur masc.).

2e pers. fém. [hiéroglyphes] ou [hiéroglyphes] *tai-t* (poss. fém.).

Variante [hiéroglyphes] (*tai-e?*), copte ⲦⲞⲨ, ⲦⲈ.

3ᵉ pers. masc. [hiéroglyphes] *tai-f* « sa » (poss. m.), copte ⲧⲉϥ.

3ᵉ pers. fém. [hiéroglyphes] *tai-s* « sa » (poss. fém.), copte ⲧⲉⲥ.

Possesseurs au pluriel.

1ʳᵉ pers. [hiéroglyphes] *tai-na* « notre, » copte ⲧⲛ̄.

2ᵉ pers. [hiéroglyphes] *tai-ten* « votre, » copte ⲧⲉⲧⲛ̄.

3ᵉ pers. [hiéroglyphes] *tai-sen* « leur, »

et, avec l'affixe *u*, [hiéroglyphes] *tai-u*, copte ⲧⲉⲩ, ⲧⲟⲩ.

Les formes [hiéroglyphes] *tui-à*, [hiéroglyphes] *tui-k*, etc. existent également et sont moins anciennes.

SUJET AU PLURIEL, GENRE COMMUN.

1° *Possesseur au singulier.*

1ʳᵉ pers. [hiéroglyphes] *nai-à* « mes, » copte ⲛⲁ.

Pour le possesseur féminin l'affixe reçoit la figure [hiéroglyphe].

2ᵉ pers. masc. [hiéroglyphes] *nai-k* « tes, » copte ⲛⲉⲕ.

2ᵉ pers. fém. [hiéroglyphes] *nai-t* « tes » (poss. masc.),

et [hiéroglyphes] (*nai-e?*), copte ⲛⲟⲩ, ⲛⲉ (poss. fém.).

3ᵉ pers. masc. [hiéroglyphes] *nai-f* « ses, » copte ⲛⲉϥ (poss. masc.).

3ᵉ pers. fém. [hiéroglyphes] *nai-s* « ses » copte ⲛⲉⲥ (poss. fém.).

2° *Possesseurs au pluriel.*

1ʳᵉ personne [hiéroglyphes] *nai-na* « nos, » copte ⲛⲉⲛ.

2ᵉ personne [hiéroglyphes] *nai-ten* « vos, » copte ⲛⲉⲧⲛ̄.

3e personne [hiéroglyphes] *nai-sen* « leurs, »

et, avec le suffixe *u*, [hiéroglyphes] *nai-u*, copte ⲛⲉⲩ, ⲛⲟⲩ.

Les exemples de l'article possessif sont très nombreux, soit dans les papyrus, soit dans les textes historiques; il est même employé dans l'*Histoire des deux frères* à la place de l'article simple; on lit souvent [hiéroglyphes] *pai-f sen āa* « son frère aîné » (ou « son frère cadet »), là où le sens demanderait seulement « le frère aîné. » Mais les manuscrits sont trop incorrects pour que l'on puisse affirmer que ces locutions étaient régulières.

177. Outre les articles possessifs qui exigent la présence du substantif, le copte avait un véritable pronom possessif dont la forme était un peu différente : sahidique ⲡⲱⲓ « le mien, » ⲡⲱⲕ « le tien, » etc. ⲧⲱⲓ « la mienne, » etc. plur. ⲛⲟⲩⲓ « les miens. » Il est probable que ce pronom appartenait également à l'égyptien. Le seul exemple signalé jusqu'ici se rencontre au premier chapitre du *Rituel funéraire* :

nu-ā *untu-uk* *āsār*

Miens sont tes (compagnons?) ô Osiris[1]!

La forme pour le singulier serait encore à trouver.

DES PRONOMS PERSONNELS ABSOLUS.

178. Ainsi que nous l'avons fait voir, les affixes n'exprimaient réellement que l'attribution à une des trois personnes grammaticales; ils n'avaient pas d'existence isolée et le pronom absolu devait emprunter sa valeur personnelle soit à un substantif, soit à une

[1] Voyez Lepsius, *Todtenbuch*, ch. 1, l. 2. Le sens exact du substantif *untu* est encore douteux.

particule, épave elle-même d'un radical à valeur personnelle. L'application de ce principe a produit en égyptien une assez grande quantité de types pronominaux qui servaient à varier les nuances du discours.

Les particules qui contribuent à former les pronoms personnels peuvent se réduire à deux : *en*, développé en *ản* et en *nte*, et *em*. La particule [hiéroglyphe] *en* est usitée pour indiquer le relatif, comme en copte ⲛ̄, tout aussi bien que [hiéroglyphe], [hiéroglyphe] *ente*, *enti* (copte ⲛⲧⲉ), développé par le *t* final. Ce mot, en égyptien, signifiait même « l'être » d'une manière absolue : [hiéroglyphe] *enti-u*[1] se traduit par « les êtres; » [hiéroglyphe] *enti-u neb-t* « tout ce qui existe. » Avec les affixes, [hiéroglyphe] *entuk* est donc « l'être par rapport à toi » ou « ce qui est toi, » [hiéroglyphe] *entuf* « ce qui est lui » (en copte ⲛ̄ⲧⲟⲕ, ⲛ̄ⲧⲟϥ, etc.).

Pour la 1re personne, le support est un peu différent, il semble emprunté à la forme *ản*. Le copte nous montre au singulier ⲁⲛⲟⲕ, ⲁⲛ̄ⲕ, ⲁⲛ̄ⲧ et au pluriel ⲁⲛⲟⲛ, ⲁⲛ̄ⲛ. En égyptien, le singulier est [hiéroglyphe] *ảnuk*. Le pluriel n'a pas encore été rencontré; la forme démotique *ảunen* se transcrirait [hiéroglyphe][2]. Le support *ản* ne nous paraît pas autre chose que la même particule [hiéroglyphe] *en*, dans la variante [hiéroglyphe] *ản* avec la voyelle forte. Cette particule servait, dans l'inversion, à introduire le sujet du verbe : [hiéroglyphe] *un ản suten* « est le roi[3]. » En comparant dans cette locution le sens de *ản* à la composition des pronoms de la 1re personne *ảnuk*, ⲁⲛⲟⲛ, on est amené à penser que le *k* y figure comme affixe pour la 1re per-

[1] Remarquez l'usage grammatical du signe [hiéroglyphe] qui distingue ici le substantif *entiu* « être » du relatif *enti* « qui. »

[2] Champollion l'a donné, mais par conjecture seulement, sous l'orthographe [hiéroglyphe]. M. Birch n'a pas fait cette remarque en insérant [hiéroglyphe] dans sa grammaire, sans autre autorité. Voy. Brugsch, *Grammaire démotique*, n° 208, et Birch, *Grammaire*, p. 629.

[3] Le copte, au lieu de *ản*, emploie au même usage ⲛ̄ϫⲉ, où le ⲛ a la même valeur, renforcée par ϫⲉ « scilicet. » Cette construction sera étudiée plus loin. On voit que l'égyptien antique se prêterait peut-être plus complétement à expliquer la genèse de ces pronoms que les autres langues auxquelles ils appartiennent sous des formes peu différentes; aussi en a-t-il conservé un tableau plus complet.

sonne du singulier, comme *en* pour le pluriel. La réunion des pronoms empruntés à ce type de particules forme le tableau suivant :

SINGULIER.

1re pers. m. f. *ànuk* « je, moi, » copte sahidique ⲁⲛⲟⲕ[1].

2e pers. m. , *entuk* « tu, toi, » copte sahidique ⲛ̄ⲧⲟⲕ;

[2] f. (*entut?*) « tu, toi, » copte sahidique ⲛ̄ⲧⲟ.

3e pers. m. , *entuf*, « il, lui, » copte sahidique ⲛ̄ⲧⲟϥ;

f. , , *entus* « elle, » copte sah. ⲛ̄ⲧⲟⲥ.

PLURIEL.

1re pers. (*ànnen?*) « nous, » copte sahidique ⲁⲛⲟⲛ.

2e pers. *entuten* « vous, » copte sahidique ⲛ̄ⲧⲱⲧⲛ̄.

3e pers. *entusen* « ils, elles, »

[3] ou *entuu* « ils, elles, » copte sahidique ⲛ̄ⲧⲟⲟⲩ.

Ce premier type du pronom s'employait de deux façons : premièrement il remplaçait le verbe *être* d'une manière tout à fait conforme à la tournure sémitique : *ànuk* « je » pour « je suis, » *entuk* « tu » pour « tu es; » exemples :

[1] Forme abrégée *nuk*. Le personnage varie suivant la qualité de celui qui parle : « dieu » ou « roi, » etc. « femme ou déesse, » etc. Nous nous bornons à mettre en regard de l'égyptien la forme copte sahidique, qui est la plus rapprochée.

[2] La forme donnée par Champollion, *Grammaire*, n° 218, ne repose que sur un exemple mal expliqué. Notre conjecture s'appuie sur la transcription du sigle démotique correspondant. Voyez Brugsch, *Grammaire démotique*, n° 210.

[3] Je n'ai pas rencontré d'exemples pour *entuu*; mais, d'une part, l'existence du démotique *entuu* (Voyez Brugsch, *Grammaire démotique*, n° 211), et de l'autre, la forme *entuu* du type suivant affirment l'existence de cette forme *entuu*, qui a produit le copte ⲛ̄ⲧⲟⲟⲩ.

ànuk paik sen šerau « Je suis ton jeune frère [1], » *entuf p-ba en ta χa-t āa-t* « il est l'âme du grand corps [2]. » La seconde personne du pluriel se remarque dans le dialogue de *Ramsès II* avec les espions du prince de *χet;* le roi les interroge en ces termes : *entuten àχ* « qui êtes-vous [3]? »

Ces pronoms servaient également de sujets pour les verbes, surtout dans les textes d'une moindre antiquité; exemple : *entusen χenen nuter pen āa* « ils font naviguer ce dieu grand [4]. » Cet exemple et plusieurs autres analogues appartiennent aux textes de la XXe dynastie; on y rencontre aussi les variantes écrites avec comme , *entuf, entesen.*

179. Le second type est composé avec la particule , em (indiquant souvent l'état), modifiée également par la finale ou *tu* [5]: *emtu* vaut ainsi exactement « étant, » et on le trouve quelquefois en ce sens lié à un substantif au lieu de l'affixe. *emtu-à* s'interprétera donc « étant moi » pour « je. » Nous croyons que ce type était usité à toutes les personnes, conformément au tableau suivant où le (?) signalera les lacunes de nos observations.

SINGULIER.

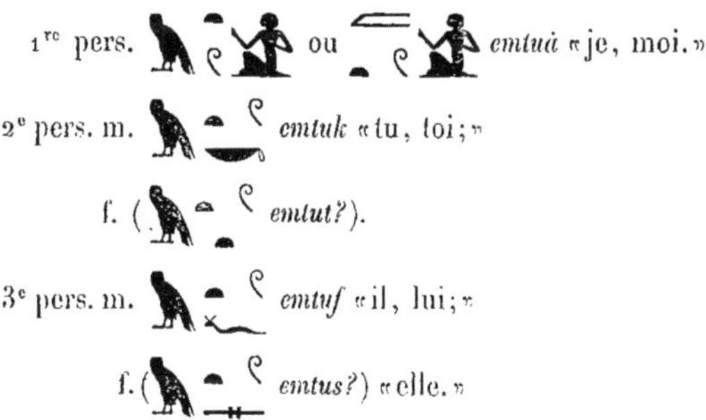

1re pers. ou *emtuà* « je, moi. »

2e pers. m. *emtuk* « tu, toi; »

f. (*emtut?*).

3e pers. m. *emtuf* « il, lui; »

f. (*emtus?*) « elle. »

[1] *Histoire des deux frères*, p. 7, l. 4.

[2] Rectifiez ainsi l'exemple cité dans la *Grammaire* de Champollion, n° 208.

[3] Voy. Champollion, *Gramm.* n° 211.

[4] *Ibid.* n° 213.

[5] Cette finale *tu* indique le participe.

PLURIEL.

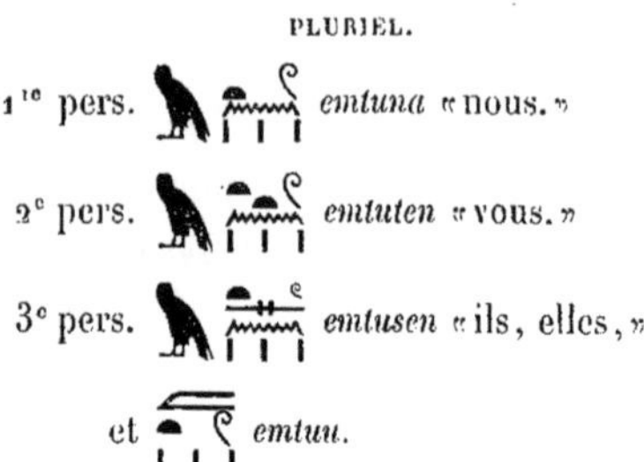

L'*Histoire des deux frères* me fournit un exemple des trois personnes du singulier réunies dans la même phrase[1] : *Batu* parle ainsi à son frère aîné du talisman de son cœur qu'il doit cacher dans une fleur :

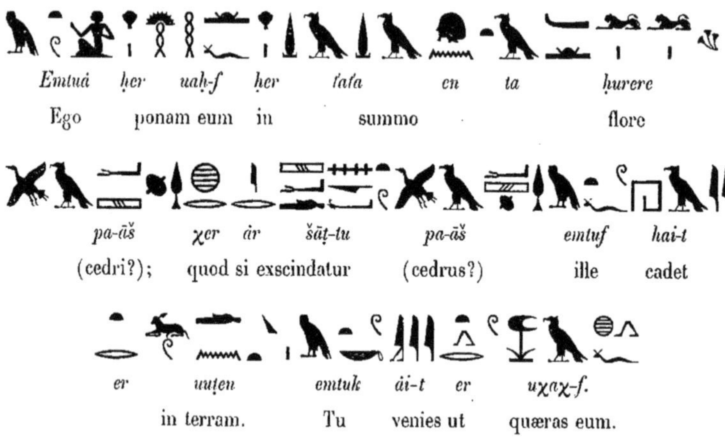

La 3e personne du singulier est extrêmement usitée; il faut remarquer aussi les formes *emtuna* (1re personne du pluriel[2]) et *em-*

[1] *Histoire des deux frères*, p. 8, l. 4. Nous avions pris l'arbre nommé *āš* pour un mimosa, à cause de cette mention de la fleur. Les recherches de MM. Chabas et de Horrack ont rendu très-probable l'attribution du mot *āš* au cèdre. Le choix de cet arbre pour mentionner une fleur reste singulier. Dans la traduction, nous avons supposé un sujet masculin au lieu de « cor » pour suivre exactement l'égyptien.

[2] Grande inscription du Ramesséum, réponse des espions à Ramsès II.

tuu (3e personne du pluriel [1]), qui manquent au tableau du premier type. Cette dernière [hiéroglyphes] se trouve dès la XIXe dynastie.

Les exemples traduits ci-dessus montrent que ces pronoms servaient, comme les précédents, soit à remplacer le verbe *être*, soit à fournir des sujets aux verbes ordinaires.

180. Le troisième type résulte du cumul des deux particules *em* et *entu*. La distinction originelle des deux particules résulte de l'orthographe : *em-en* n'y sont jamais réunis en une seule syllabe [hiéroglyphe] *men*. Nous n'avons encore rencontré que la 2e et la 3e personne du singulier masculin : *ementuk*, *ementuf*. D'après les exemples que nous avons recueillis, l'usage de ce pronom semblerait un peu plus emphatique que celui des précédents; exemples [2] :

ementuk neb neχt

C'est toi (qui es) le Seigneur de la victoire!

Batu dit à sa belle-sœur, en parlant de son mari [3] :

χer pa-āa er-á ementuf se-χeperu-á.

Or il est plus grand que moi (mon aîné), c'est lui qui me fait vivre.

La troisième personne du pluriel était aussi usitée sous la forme [hiéroglyphes] *ementu* [4], qui recevait les variantes phonétiques ordinaires.

181. On rencontre encore, mais bien plus rarement, la particule *em*, dans le sens de l'*m* d'état [5], servant de support aux affixes per-

[1] Grand traité de Ramsès II avec le prince de Chet; clauses finales d'extradition.

[2] Lepsius, *Denkm.* III. 211. Discours de Ramsès au dieu Amon.

[3] *Histoire des deux frères*, p. 3, l. 10.

[4] Voyez Devéria, *Papyrus judiciaire de Turin*, I, 9; III, 1.

[5] Voyez ci-dessus, n° 147.

sonnels; elle prend alors la forme pleine *àm.* Les pronoms absolus ainsi composés peuvent devenir le sujet d'une phrase, et il faut se garder de les confondre avec l'ablatif ou le locatif des pronoms, de la forme *àm-f*, *àm-sen*, etc. Toutmès III, parlant à ses capitaines, dans le conseil de guerre, leur dit[1] :

àm-ten em šes-tu ḥon-à.

Vous êtes mes serviteurs (mot à mot : vous êtes pour suivre ma Majesté).

182. Les Égyptiens paraissent avoir eu une disposition d'esprit toute spéciale qui les engageait à particulariser et à localiser, pour ainsi dire, l'action ou le sentiment que nous attribuons ordinairement dans le discours à la personne entière et indivise. C'est ainsi qu'ils mettent successivement en jeu le corps, l'âme, l'ensemble des membres et telle ou telle partie de l'homme[2]. Les substantifs ainsi choisis deviennent autant de types pronominaux, auxquels viennent se joindre les affixes personnels. Le copte a conservé plusieurs de ces types et il s'en sert spécialement pour tous les cas obliques des pronoms personnels. Nous examinerons successivement ces substantifs pronominaux[3].

ḥā-tu ou *ḥā-u.* Comme substantif, ce mot désigne les membres spécialement dans leur partie charnue, apparente. Aussi est-ce le terme propre pour désigner la personne physique. L'*Histoire des deux frères* dit de la femme faite pour *Batu* par le dieu *Num*[4] :

[1] Voyez Lepsius, *Denkmäler*, III, 31, l. 44.

[2] C'est par suite de cette disposition à distinguer que, dans les textes funéraires, la personne du mort est représentée par une foule d'expressions qui varient, suivant qu'on veut considérer spécialement son âme, son corps, son ombre, etc. sous divers aspects.

[3] Comparez Brugsch, *Grammaire démotique*, p. 103 : des substantifs pronominaux.

[4] *Histoire des deux frères*, p. 9, l. 8.

āu-s(t) nefer em ḥā-tu-s(t) er se(t) ḥime-t neb-t nti em p-ta ṫer.

Elle était belle dans sa personne plus qu'aucune femme du monde entier.

Hā-tu, indiquant la personne, est ici déterminé par la figure de la femme, outre le signe des membres. On choisira ensuite *ḥā-tu* comme type pronominal, lorsque, par la personne, on voudra particulièrement indiquer la substance physique.

EXEMPLE [1] :

Se-uab ḥā-uk em usecχ-t Šuu.

Tu es purifié dans la salle du dieu *Šu.*

On trouve assez souvent, comme ici, le signe du masculin, dans cette formule, à la place de.

Le type pronominal copte ϩⲱ, qui renforce les pronoms personnels, et les formes ϩⲓ, ϩⲁ, ϩⲓⲱⲓⲱ, qui font partie de l'ablatif ⲉⲃⲟⲗϩⲁⲕ, etc. peuvent provenir de ce type ou du suivant qui s'échange quelquefois avec lui.

183. *ḥa*, plus anciennement *ḥar* « visage. » Comme type pronominal, il réunit quelquefois les deux formes de la tête ; la seconde ne paraît pas appartenir à la prononciation, elle complète l'idée. Le récit de la bataille de *Kadeš* dit de Ramsès II [2] :

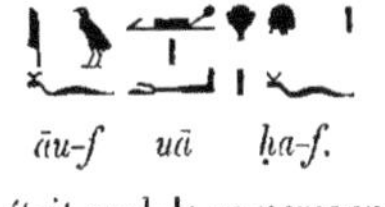

āu-f uā ḥa-f.

Il était seul de sa personne.

[1] *Šai en sinsin* ou *Livre des souffles*, § II, manuscrit du Louvre.

[2] Nous retrouverons la valeur pronominale de dans la locution *ḥa neb* « chacun. » (Voyez Chabas, *Glossaire*, n° 956.)

184. Le copte ϧⲏⲧ, qui signifie au sens propre « utérus, ventre, » fournit certains cas obliques du pronom personnel, comme ⲛ̄ϧⲏⲧⲕ « in te. » Il doit correspondre au substantif antique [hiéroglyphe] χa-t « flancs, ventre, utérus. » Celui-ci est aussi employé dans les textes égyptiens comme type pronominal; toutefois on saisit ordinairement la nuance qui l'a fait choisir; exemple :

ḥāti-sen ḥer buteš em χa-t-sen.

Leur cœur faiblira en eux (plus littéralement : dans leurs flancs)[1].

On trouve, dans cet emploi, des variantes de [hiéroglyphe] avec [hiéroglyphe] χa-t « le corps. » Il y a eu probablement confusion et empiétement réciproque dans le développement du langage entre ces types et le suivant.

185. [hiéroglyphe] *ḥāti* « le cœur, » en copte (sahidique et memphitique) ϩⲏⲧ, a pris un domaine très-étendu dans cette dernière forme de la langue égyptienne comme type pronominal; on l'emploie à l'accusatif : ϩⲏⲧ « me, » ϩⲏⲧⲕ « te, » ϩⲧⲏϥ « eum, » etc. Le cœur, dont le vase [hiéroglyphe] est le symbole constant, avait diverses expressions phonétiques; comme principe actif de la vie et source du courage ou d'autres sentiments analogues, le phonétique est [hiéroglyphe] *ḥāti*[2].

On reconnaît souvent la raison du choix de *ḥāti* pour remplacer la personne elle-même dans le discours. Dans le récit des deux frères, les dieux visitent *Batu* après sa malheureuse aventure[3]; le texte ajoute :

[1] *Poëme de Pentaur*, III, 10.

[2] M. Le Page Renouf a indiqué avec raison la prononciation *áb* [hiéroglyphe] pour le cas où [hiéroglyphe] seul figure en opposition avec [hiéroglyphe] *ḥāti*. — [3] *Hist. des deux frères*, p. 9. l. 6.

àu *ḥāti-sen* *mer* *nef* *er àker àker.*

Leurs cœurs s'attristaient pour lui extrêmement.

Mais dans d'autres cas, la valeur devient purement personnelle, ou, du moins, nous n'apercevons plus, à première vue, le motif qui a pu guider le choix de l'écrivain. Ramsès II, se vantant de ses bienfaits auprès de ses capitaines, leur dit : « Qu'aucun roi n'a fait pour ses soldats » *na à-àru ḥen-f* (*à. t. s.*) *en ḥāti-ten* « ce qu'a fait sa majesté pour vous[1]. » Ce serait évidemment insérer une nuance inexacte que de traduire ici « à vos cœurs; » *ḥāti* y est devenu un simple support personnel. *Ḥāti* est presque toujours employé à la place de toute autre expression personnelle quand il est question de courage; exemples : *smen ḥāti-ten* « soit ferme votre cœur! » *χasi-ui àu ḥāti-ten* « lâche a été votre cœur[2]. » On trouve le même emploi personnel de *ḥāti* dans le sens du désir. On lit la phrase suivante dans l'*Histoire des deux frères*, lorsque, la quatrième année après sa mort, *Batu* voulut ressusciter :

àu *ḥāti-f* *àbu* *ài-t* *er kame.*

Son cœur désira venir en Égypte[3] (pour : il désira).

186. Le type pronominal emprunté à la bouche *ru* est un des plus usités. En copte, on le rencontre à presque tous les cas obliques : ⲣⲱⲓ, ⲣⲟⲕ, ⲣⲟϥ, ⲉⲣⲟⲓ, etc. Il renforce également le pronom ordinaire : ⲁⲛⲟⲕ ⲣⲱ « moi-même » ⲡⲁⲓ ⲣⲱ « celui-ci, lui-même. » En égyptien, les pronoms *ru-à*, *ruk*,

[1] *Poëme de Pentaur*, VI, 3.

[2] *Ibid.* VI, 2.

[3] *Histoire des deux frères*, p. 13, l. 5. C'est bien la personne, et non le cœur matériel, qui était restée cachée au sommet du cèdre, à ce moment du récit.

ruf, varient, même dans les exemplaires du *Rituel funéraire*, avec les affixes simples. Nous rencontrerons aussi ces formes aux impératifs des verbes. Dans l'emploi de la forme *ru-à*, etc. isolée, nous ferons la même distinction que pour *ḥâti*: tantôt le motif du choix se discerne et tantôt il n'existe plus à nos yeux; exemple : Ramsès II dit à Amon[1] dans son invocation :

às ben šeme-nà ḥā-nà ḥer ruk.

N'ai-je pas marché et ne me suis-je pas arrêté d'après toi (littéralement : d'après ta bouche, sur tes ordres)?

L'intention est évidente, elle apparaît également dans la formule :

Se-uaš ruk sep àfte en rā.

Tu fais la prière quatre fois par jour[2] (ta bouche invoque).

Mais toute nuance a disparu dans l'emploi de ce type comme accusatif du pronom; exemple :

nuter-u ḥakennu-sen ruf.

Les dieux l'acclament[3].

187. La main *tut*. Le copte emploie ce type pour le datif et l'ablatif; sahidique : ⲉ-ⲧⲟⲟⲧ-ⲕ «tibi,» ⲉⲃⲟⲗϩⲓ-ⲧⲟⲧ-ⲕ «a te.» L'égyptien se servait de pour les mêmes usages. Les re-

[1] *Poëme de Pentaur*, II, 4 : le texte de Karnak rectifiant ici le manuscrit.

[2] *Livre des souffles*, § 4 *bis*, manuscrit du musée du Louvre.

[3] Champollion, *Grammaire*, p. 303. Exemple de la XXe dynastie, où l'emploi de l'*n* devient plus fréquent.

gistres de comptabilité du règne de Séti Ier, que possède la Bibliothèque impériale de Paris, nous montrent la formule suivante, constatant la sortie des denrées des magasins de l'État :

Abet χemet ša hru sesen šep em pa uťa en χennu

em ṭut en (ān) neχt ta-u nefer.

Mois d'Athyr, jour 3e, reçu du magasin de l'État par (la main du) le scribe *Neχt*, des bons pains, etc.

Suit le chiffre et le poids ou la valeur de la denrée fournie[1]. Aux jours suivants, le comptable se contente de la mention abrégée *šep em ṭut-f*, « pris par lui, » suivie de chiffres.

Le poëme de *Pentaur* fournit de remarquables exemples de l'emploi personnel de la main. Ramsès II reproche ainsi à ses soldats leur absence au moment du danger :

Bu ḥā uā ām-ten er-ṭa ṭut-f ḥnā-ā.

Pas un de vous ne s'est arrêté pour se mettre avec moi (littéralement : pour mettre sa main avec moi[2]).

Décrivant ailleurs l'instant du plus grand carnage, le roi s'écrie[3] :

[1] Voyez Pleyte, *Papyrus Rollin*, pl. X, l. 1. M. Pleyte, qui vient de faire une publication extrêmement intéressante sur ces Papyrus, traduit ce passage : « Reçu dans le magasin du palais par la main du scribe. » Cette tournure semblerait constater une entrée au magasin ; c'est au contraire une sortie que constate ici le comptable, pour 2390 morceaux de pain équivalant ensemble à 7830 *ten* et remis à un scribe pour une dépense publique.

[2] *Poëme de Pentaur*, VI, 6, corrigé par le texte de Karnak.

[3] *Ibid. Pap. Sall.* III, p. 4, l. 7, complété par le texte de Karnak. *tept* est le copte « vorare ; » il est déterminé par , parce que ce signe sert à écrire phonétiquement le mot *nas* « langue »

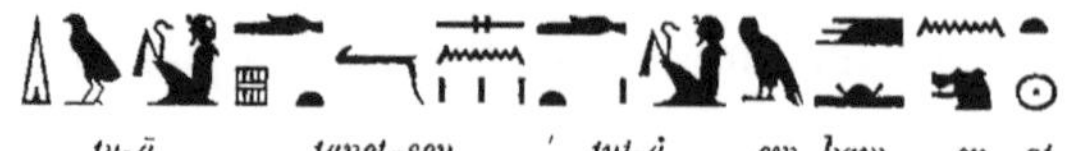

ṭu-ā ṭapet-sen ' ṭut-ā em ḳam en āt.

Je les ai dévorés dans l'espace d'un instant (litt. : Je les ai fait dévorer à ma main).

L'écrivain a su trouver un remarquable effet de style dans le choix de son type pronominal.

188. Le pied ⲣⲁⲧ est usité dans les pronoms coptes surtout au datif ⲉⲣⲁⲧⲕ « à toi » et à l'ablatif ou locatif ϧⲁⲣⲁⲧⲕ « sous toi. » Celui-ci porte la trace visible du choix intentionnel. C'est la reproduction exacte de l'égyptien *χer reṭ-ti-k* « sous tes pieds, sous toi. » Dans d'autres exemples la couleur personnelle se développe. Entre autres mesures d'ordre prises par le conquérant éthiopien *Pi-anχi-meriamun*, après la prise de Memphis, on lit[1] :

ṭa uab-u er ās reṭ-tisen.

Il remit les prêtres à leurs places (litt. : à la place de leurs pieds).

189. Outre ces pronoms empruntés au corps ou à ses parties, on demandait aussi souvent l'indication de la personne à une qualité abstraite. C'est de ce genre de considération que l'on a tiré l'expression *ḥen-f* dont Champollion a parfaitement rendu le tour grammatical en traduisant : « Sa majesté. » C'est une expression personnelle, royale et divine, fournie par le radical *ḥen* qui signifie probablement « l'autorité, » car, au sens passif, *ḥen* est « un esclave. » C'est visiblement le même mot que le copte ϩⲱⲛ signifiant « imperare » et encore « obedire. » On remarque aussi quelquefois l'expression plus compliquée *ba-u ḥen-f* « les esprits du roi. » Sans pouvoir bien définir la nuance qu'elle

[1] Stèle de *Pi-anχi-meriamun*, v°, l. 31.

impliquait, il est certain qu'elle s'applique toujours à la personne même du pharaon.

190. C'était encore une disposition d'esprit toute spéciale qui portait à introduire la personne conçue d'une manière abstraite et sous un ensemble de qualités qu'on supposait quelquefois résumées dans le nom propre de l'individu. La Bible nous atteste l'importance attachée aux noms divins et à ceux des hommes; aussi, trouvons-nous le mot *ran* « nom » employé pour la personne dans les textes religieux. Osiris est invoqué au *Rituel funéraire* par une litanie de tous ses noms mystiques; il en est de même de la série des noms des parties du navire solaire et de la salle du jugement de l'âme. Les dieux eux-mêmes se chargeaient de rédiger le premier cartouche du pharaon et la devise de l'étendard royal. Les noms ainsi obtenus, et qui contenaient toujours des idées religieuses, étaient censés définir la personne et composaient un type sacré. Le substantif qui représente ces idées est le mot *ka* augmenté quelquefois de signes de vénération : ou . Quelquefois même il est déterminé par le cartouche du nom . En effet, au Papyrus bilingue Rhind, le démotique, qui ne connaît plus cette expression dans son vrai sens sacré, traduit *ka* par *ran* « le nom[1]. » Nous croyons que le mot qui se rapprocherait le plus de l'idée égyptienne serait celui d'« essence. » Nous le comparons au radical copte memphitique ϫⲱ, ϫⲁ, sahidique ⲕⲁ, ⲕⲱ « constituere, ponere » et ϫⲏ, ⲕⲏ « manere, esse, » d'où vient probablement le memphitique ϫⲁⲓ « substantia. » Par une confusion souvent reproduite entre la substance, la vie et les vivres, *ka* passe quelquefois au sens de « pains, vivres, offrandes, » avec le déterminatif , *sic* , ordinairement alors mis au pluriel.

[1] Voyez Brugsch, *Papyrus Rhind*, 6, 8; 7, 10, etc. On doit une large et belle étude des emplois du mot à M. Birch, dans son *Mémoire sur la coupe d'or*, du Louvre.

Dans le sens personnel, avec les suffixes, l'idée d'essence explique souvent très-bien la nuance qu'on a voulu rendre par le choix de ; exemple : Le dieu *Šu* est un fils sur le trône de son père. » *ḥotep kau-f em kau rā* « sa personne (ou son essence) se joint à celle de *Rā*[1]. »

Le *ka* ou l'essence personnelle est précisément ce qui devait être maintenu pour les élus dans l'*Amenti* :

en ka-ā men em āmenit er šaā neḥeḥ.

Pour que mon essence demeure dans l'Amenti jusqu'à l'éternité[2].

Ka-k men-tu em-āsu neteru.

Ton essence demeure dans les séjours divins[3].

L'emploi purement personnel de *ka* apparaît clairement dans une foule de locutions[4] :

āa-tu en-kak-k āmon rā.

Adorations à toi Amon-ra[5] !

ār-t em χetu ab-nef χeper em merere-tu neb ka-f.

(Le roi *Tutmès III*) est fait tout ce qu'il veut, arrivent toutes les choses qu'il désire[6].

[1] Voy. Chabas, *Papyrus magique*, 1, 6.

[2] *Papyrus Harris*, hymne de Ramsès III, au dieu Amon.

[3] *Livre des souffles*, § 4, manuscrit du Louvre.

[4] M. Chabas traduit très-exactement le passage de l'inscription de Rosette, l. 7 : «Les cérémonies usitées *en ka-sen*, pour eux. » (Voyez Chabas, *Papyrus Harris*, p. 28, et *Inscription de Rosette*, p. 46, 49.)

[5] Rosellini, M. D. C. XXXVI.

[6] Lepsius, *Denkmäler*, III, 30, 6, l. 21.

utu ka-k « ton ordre[1]. » *bu neb mer ka-à àm* « tout lieu où je désire être (dedans)[2]. »

191. Le type *māk*, écrit indifféremment ou et *māka*, se rapproche beaucoup de *ka* dans ses usages grammaticaux. Le sens du radical nous paraît « l'existence, » se modifiant soit comme « cause, » soit comme « action conservatrice, protectrice de l'existence. » Dans la légende du soleil :

nuk rā *māk-su* *ťes-f.*

Je suis le dieu Ra, existant par lui-même[3].

remplace manifestement le verbe ordinaire de la légende, *χeper* « exister et donner l'existence. » *Māk* remplace aussi, dans ce sens, le verbe « être, » *un*, au commencement d'une proposition, y jouant alors comme *un* le rôle d'une conjonction ; exemple[4] :

māka *rā* *ḥer* *ťaṭ* *em* *àχu-t* *nte* *pe-t.*

Ra dit dans le ciel (littéralement : étant Ra à dire dans l'horizon du ciel).

La forme du participe *māk-tu* sert au même usage que la forme absolue *māk;* Ramsès II dit à son père Séti I[er 5] :

māk-tu *āk-tà* *em* *ḥur-t* *šes-k* *rā.*

Étant entré dans le ciel, tu suis le dieu *Rā*.

1 Statue naophore du Vatican.

2 *Todtenbuch*, 1, 22.

3 Cercueil de *Hotep-ḥer-s*, au musée du Vatican, et passim. Nous sommes obligé, pour faire comprendre ce type, d'anticiper sur le chapitre des verbes substantifs, servant d'auxiliaires.

4 *Grande inscription d'Abydos*, publiée et expliquée par M. Maspéro, l. 104.

5 *Ibid.* l. 89.

Ce participe *māk-tu* fournit un substantif, ordinairement au pluriel, qui signifie « les qualités, les attributs de l'être, » les détails, pour ainsi dire, de l'essence dont l'ensemble est indiqué par le mot *ka*. C'est ainsi que le chapitre 101 du *Rituel funéraire* est consacré aux *mäktu uàa en rā* ou « qualités de la barque du soleil. » Le texte est consacré tout entier aux définitions mystiques des parties de ce navire. C'est dans ce sens que le grand dieu est qualifié *neb mak-tu*[1]; comme créateur, il est maître de toutes les conditions secondaires ou « attributs » de l'être produit par son action.

Dans la condition du défunt justifié et transformé, on trouve beaucoup de mentions analogues à la suivante :

ȧu-f ȧr-f ȧr-u neb en ānχ-u māk-tu pu nte nuter āa.

Il fait (revêt) toutes les formes des vivants, ce sont les attributs du dieu grand.

L'absorption en la divinité apparaît sous diverses formes analogues[2].

Passant au sens transitif, *māk* signifie « conserver, protéger l'existence; » dans la légende officielle de Ramsès II, les mots *māk kame-t* sont traduits par Hermapion ὃς ἐφύλαξεν Αἴγυπτον[3].

L'action conservatrice est bien indiquée par la légende suivante, qui est fréquente sur les canopes. Les déesses protectrices des entrailles y disent :

[1] *Livre des souffles*, § 4, manuscrit du Louvre, et passim. Par suite de cette liaison d'idées, que nous avons signalée à propos de *Ka*, entre l'existence et la nourriture qui la conserve, *māku* se trouve aussi dans le sens de « vivres. » (V. *Papyrus Anastasi*, IV, 17, 5. V. ce texte ci-après, n° 198, aux pronoms relatifs.)

[2] Voyez Lepsius, *Todtenbuch*, 64, 30.

[3] Le sens s'étend aux idées de « veiller, faire attention, » qui paraissent en rapport avec ϣϥⲕϣⲟⲩⲕ « considerare. » (Voyez Chabas, *Études*, Glossaire, au mot *māk*, n°s 466 et 467.)

ari-à mâk-à her âmset nti âm.

Je fais ma protection sur Amset qui est dans (ce vase).

Si nous avons réussi à bien expliquer le type *māk*, on comprendra facilement son rôle quand il forme le sujet de la phrase avec l'addition d'un affixe personnel; il y remplace soit une des expressions du verbe *être* comme , *un*, *tu*, etc., soit un pronom ordinaire comme , *entuf, emtuà*. Voici des exemples pour diverses personnes, *Séti Ier* dit à son fils *Ramsès II*[1] :

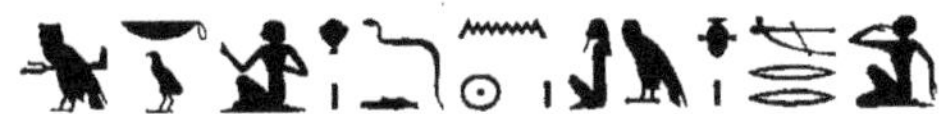

māk-uà her ťet en Rā em ḥati merer.

Je dis au dieu Ra avec un cœur plein d'amour.

Batu, repoussant les avances honteuses de sa belle-sœur, lui parle ainsi :

χer māk-tut mā-à em seχeru en mut.

Or, tu es avec moi dans le caractère d'une mère. (Je te considère comme ma mère[2].)

Les campagnes de *Tutmès III* nous donneront des exemples pour le pluriel; ses capitaines lui disent dans le conseil[3] :

māk-na em šesu ḥen-k em bu neb ťau (ḥen-k) âm.

Nous suivrons ta Majesté dans tout lieu où elle ira.

Le roi lui-même, parlant de ses soldats et des ennemis, met ainsi

[1] Voyez Maspéro, *Inscription d'Abydos*, l. 109, etc.

[2] *Histoire des deux frères*, III, 9. On trouve quelquefois, comme dans cet exemple, la forme *māk-tu* avec les affixes; ce fait s'observe avec toutes les personnes.

[3] Lepsius, *Denkmäler*, III, 37, l. 48.

en opposition les deux expressions personnelles *àm-ten* et *māk-sen*[1] « vous » et « eux : »

àm-ten *em* *šes-tu* *ḥen-à* *māka-sen* *em* *na (n)* *χeru*

butu *ra.*

Vous êtes les serviteurs de mon autorité, eux sont des criminels (que) déteste le dieu Ra.

Il est aisé de voir que dans tous ces passages le sens personnel est seul applicable[2] et qu'on ne peut y introduire les idées de « conserver ou veiller » comme ci-dessus. Ajoutons pour terminer ce qui concerne *māk* que le pronom s'y adjoint également[3]; exemple :

māk-su *iu* *χer-k* *rā.*

Il vient vers toi, ô dieu Ra!

Nous retrouverons ce mot important aux chapitres des verbes et des conjonctions.

RELATIONS DES PRONOMS[4].

192. Les pronoms suivent en général les mêmes règles que les noms dans leurs rapports avec les autres parties du discours, et les mêmes particules sont usitées pour les cas obliques. Au nominatif nous avons trouvé les formules *ànuk*, *emtuà*,

[1] Lepsius, l. 44. Les très-légères lacunes de ces deux passages sont faciles à suppléer.

[2] Impliquant, comme tous les pronoms personnels absolus, l'idée du verbe *être*. Il en est de même de הו, etc. dans toutes les branches des langues sémitiques.

[3] Champollion. *Grammaire*, p. 288, traduit cette phrase : « Fais qu'il vienne vers toi. » Il a confondu ici *māk* avec l'impératif *am-mā-k* « donne, fais. » (Voyez un autre exemple de *māk-su* au récit de la campagne de Tutmès III, *Denkmäler*, III, 31, l. 33.)

[4] Comparez Champollion, *Grammaire*, n°s 228 et suivants.

mäk-uà, pour la 1re personne, lorsqu'elle commence la phrase; les types *ḥā-tuà*, *ḥāti-à*, *ru-à*, *ṭut-à*, *ka-à* sont plutôt usités, soit avec l'inversion, soit dans le second membre d'une phrase; c'est ce qu'on peut observer dans les exemples que nous venons de discuter. Les autres personnes se servent de tous les types pronominaux pour le nominatif.

Nous avons remarqué que les pronoms *su* et *sen* se prenaient d'une manière absolue et sans support comme sujets du verbe. Ajoutons enfin que la particule, variante *àn*, indique le nominatif avec les suffixes comme avec les substantifs; exemples : *un àn-à* « je fus, » *un àn-f* « il fut, » etc.

Le génitif du pronom se traduit par l'affixe simple ou par l'article possessif; exemple : *se-k* « ton fils, » ou *paik-se*.

Le datif est rendu par les particules *en*, *er*, *χer*, etc. Comme complément indirect du verbe, il se place après l'affixe personnel; exemple : *ṭa-f nef* « il donne à lui. »

L'accusatif n'emploie pas les formes absolues *ànuk*, *emtuà*, etc. On se sert des affixes personnels pour les compléments directs des verbes. Il est seulement à remarquer que l'affixe de la 1re personne prend habituellement comme complément du verbe la forme *uà*; exemple : *em šes-uà* « pour me servir. » Cette addition distingue le pronom régime du pronom sujet; *šes-à* signifierait « je sers; » il y a toutefois des textes où cette utile distinction n'apparaît pas.

Le pronom personnel et sa variante sont très-usités à l'accusatif; exemple : *er-ṭa-nef su ḥer nesa-tef* « (Le dieu Ra) l'a mis sur son trône[1]. »

[1] *su* est très-fréquemment usité pour la personne royale, mais il n'est nullement restreint à cet usage, on le trouve même pour le neutre « ceci, cela. » (Comparez Champollion, *Grammaire*, n° 232.)

On remarquera aussi les types *ru* et *ḥati* à l'accusatif des pronoms au lieu du simple affixe personnel[1].

Le locatif et l'ablatif joignent les affixes à toutes les prépositions que nous avons citées pour les substantifs, et c'est surtout dans ces cas que les types particuliers *χat*, *ṭut*, *raṭ*, deviennent plus fréquents. L'ablatif donne lieu à une remarque qui mérite d'être étudiée : au lieu de mettre la préposition en rapport direct avec le substantif qui est son complément logique, on la relègue à la fin du membre de phrase, en rappelant la personne par un affixe. Ainsi, au lieu de dire « Chapitre de ne pas enlever à l'homme son cœur dans l'enfer, » le texte du *Rituel funéraire* porte[2] :

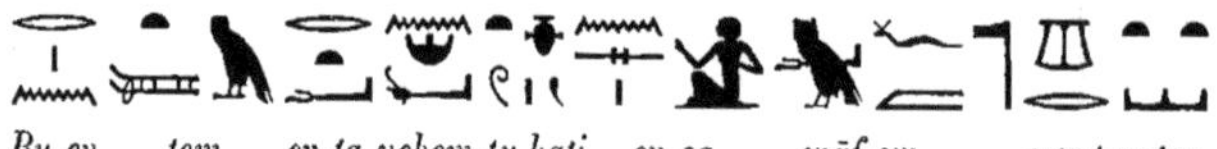

Ru en tem er-ta neḥem-tu ḥati en sa māf em χer-t nuter.

Mot à mot : Chapitre de ne pas faire être enlevé le cœur de l'individu, de lui, en enfer.

Cette tournure, dont nous trouverons l'imitation à l'article du relatif, a la plus grande analogie avec la construction sémitique des mêmes pronoms.

PRONOMS RÉFLÉCHIS OU RENFORCÉS.

193. La formule ordinairement employée pour le pronom réfléchi de la 3e personne résulte des deux affixes et réunis; exemple :

Er-ṭa-nef su ḥer χa-tef.

Il se mit sur son ventre; pour : il se prosterna.

Comme pronom personnel renforcé, le type *ḥa-f*, que

[1] Voyez ci-dessus, nos 185, 186.

[2] Voyez *Todtenbuch*, titre du chapitre XXIX. Comparez les mêmes formules appliquées au datif dans les titres des chapitres XXI, XXII, XXIII, XXIV, XXV et XXX.

nous avons étudié[1], répond au copte ϩⲱⲱϥ « lui-même. » Mais l'égyptien antique avait encore ici d'autres locutions que le copte ne connaît plus.

194. *tes*[2], qui répond à notre mot « même, » se joint à tous les affixes personnels. Voici un exemple pour la 1re personne :

ài-nà *neť-(nut)nà ťes-à*[3].

Je suis venu, je rends hommage moi-même.

On trouve également *ťes-ek* « toi-même, » *ťes-ef* « lui-même, » et *ťes-sen* « eux-mêmes, » ainsi que la variante *ťes-u*. Le papyrus judiciaire de Turin indique ainsi l'exécution de la sentence capitale sur les condamnés : *àu-f met-nef ťes-ef* « il est mort lui-même ; » et ailleurs : *àu-f met-nef ḥer ťesf* « il est mort par lui-même. » Au pluriel la formule est *àu-u met-un ťesu* « ils sont morts eux-mêmes[4]. »

[1] Voyez n° 183.

[2] C'est à M. Samuel Birch qu'on doit la découverte de cette importante locution.

[3] Voyez *Todtenbuch*, 31, 6.

[4] Th. Devéria, *Papyrus judiciaire de Turin*. En réfléchissant à cette formule et surtout à la variante *met-nef ḥer ťes-f*, on pourrait croire à une sorte de suicide des condamnés. Mais on voit au contraire, dans le jugement, qu'on leur donnait la mort. Je pense qu'il faut entendre que par leur crime ils se sont condamnés eux-mêmes à mort. Les exemples les plus curieux de ce pronom se trouvent dans les légendes du dieu suprême ; au formulaire du chapitre XVII du *Rituel funéraire*, l. 3, on lit : *nuk nuter āa χeper ťes-ef* « Je suis le dieu grand, existant par lui-même. » Il est dit plus loin du même personnage : *nek-f àm-f ťes-ef* « (c'est celui qui) fait l'acte de la génération en soi, lui-même ; » *nek* a produit le copte ⲛⲟⲉⲓⲕ « mœchari, » *ibid.* l. 9. Nous avons cité déjà la légende *Rā māk-su ťes-f*, où la même idée est appliquée au soleil. (V. n° 191.) On dit également de cet astre qu'il est *mes-su ťesef* « se donnant la naissance à lui-même, » à son lever de chaque matin.

Ce pronom provient très-probablement du radical *te, teṭ* « dire; » en copte ϫⲉ, ϫⲟⲥ.

195. Une expression de valeur très-analogue, mais beaucoup plus rare dans les textes, se tire du radical *sep*, qui signifie « acte[1] » et aussi « fois » (*vices*), comme le copte ⲥⲟⲡ. Ramsès III, dans un discours qu'il adresse à ses peuples après la victoire, s'exprime ainsi[2] :

Seχeru-a ḥer χeper àn uhai àr-nà sep-à.

Mes desseins s'accomplissent, ou ne peut échapper à ce que je fais moi-même (mea vice).

PRONOMS RELATIFS.

196. L'idée du relatif grammatical est rendue le plus souvent en égyptien par la particule *nte* ou *nti* « que » (le copte ⲛⲧⲉ), à laquelle on adjoint, suivant les cas, un article ou un pronom. , qui n'est qu'une particule, peut néanmoins quelquefois avoir à lui seul une valeur pronominale; ainsi, il suffit de sous-entendre le verbe *être* et d'ajouter le signe du pluriel pour avoir le mot *nti-u* signifiant « ceux qui (existent), les êtres[3]. » On lit, par exemple, dans les titres d'Amon :

àr nti-u kmam unen-u.

Celui qui fait les êtres, qui crée ceux qui existent[4].

En se joignant avec les différentes formes de l'article énumérées

[1] Il paraît que, par excellence, *sep* signifiait « les bonnes actions; » le décret de Canope lui donne le sens de *vertu*.

[2] Médinet-abu, grand texte publié par M. Greene.

[3] Remarquez le rôle grammatical de qui semble donner pour ainsi dire plus de consistance à la particule transformée.

[4] Papyrus Harris, hymne au dieu Amon, mis dans la bouche de *Ramsès III*.

ci-dessus (n° 150), *nti* ou *nte* donnent les pronoms relatifs *pa nti*, etc. « celui qui, » *ta nti* ou *tui nte*, *tai nti*[1], etc. « celle qui; » au pluriel *na nte*, etc. « ceux qui. »

Deux remarques essentielles doivent ici trouver leur place; la première concerne le mot *panti* employé seul, un substantif est alors sous-entendu désignant tantôt « le lieu, » tantôt « la chose » en général. Voici un exemple pour le lieu[2] : dans l'*Histoire des deux frères*, il est dit que « *Batu*, changé en taureau, entra dans le sanctuaire[3], »

àuf - hā em panti ta (šepesi) àm.

Et il se tint là où était la princesse.

Le mot à mot donne « dans le (lieu) que la princesse était dans. »

Quant au substantif sous-entendu pour indiquer la chose, il était également masculin, ainsi que le prouve l'exemple suivant, tiré du même récit. *Batu* commence ainsi les instructions qu'il donne à son frère pour opérer sa résurrection[4] :

χer àr panti àu-k er àr-f nà.

Or est-ce que tu as à faire pour moi.

197. La seconde remarque concerne les cas obliques et, en général, le relatif joint à une préposition; la particule est alors rejetée à la fin et rattachée au sujet par un affixe personnel (suivant

[1] Voyez Champollion, *Gramm.* n°s 234 et suivants. La forme *tainti* peut être composée avec l'article démonstratif, mais il n'y a aucune différence dans l'usage entre elle et les autres formes.

[2] Probablement *bu* « lieu » sous-entendu. — [3] *Histoire des deux frères*, p. 15, l. 8.

[4] *Ibid.* p. 8, l. 3. Remarquez que ce n'est pas un simple emploi du neutre, il eût été rendu par le féminin; le masculin indique un substantif sous-entendu.

l'esprit de la grammaire sémitique[1]); exemple : *Anpu* sortit pour chercher le cœur de son jeune frère[2],

χer *pa-āš* *nti* *paif* *sen* *šerāu* *sefer*

χer-f *em* *ruha.*

Sous le cèdre sous lequel son jeune frère se couchait le soir. Mot à mot : Que son jeune frère se couchait sous lui[3].

Cet exemple suffit également pour faire comprendre comment *panti* se divisait en l'article *pa* et la particule *nti*, en présence du substantif.

198. La particule ⲙⲙⲙ *n* suffit quelquefois, comme ⲛ̄ en copte, pour indiquer la relation; mais souvent aussi on remarque une ellipse plus complète et la suppression absolue de toute particule; la relation se trahit alors par la simple apposition des deux membres de phrase. L'exemple suivant, tiré du Papyrus Anastasi n° IV, montre l'emploi de ces deux formes; le texte cite parmi les divers genres de provisions de bouche[4] :

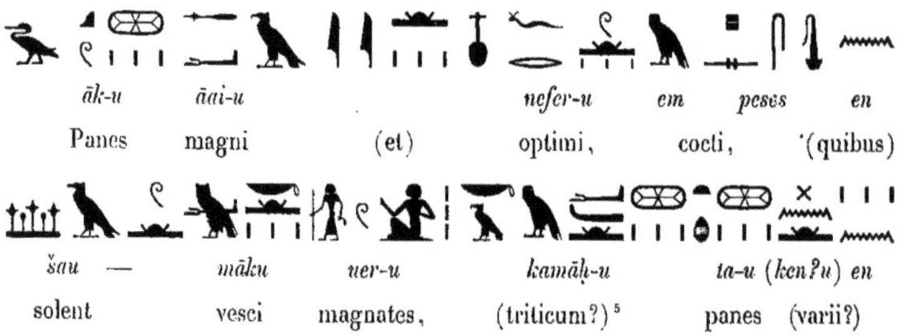

āk-u *āai-u* *nefer-u* *em* *peses* *en*
Panes magni (et) optimi, cocti, (quibus)

šau — *māku* *uer-u* *kamāḥ-u* *ta-u* (*ken?u*) *en*
solent vesci magnates, (triticum?)[5] panes (varii?)

[1] C'est exactement la tournure qu'exige en hébreu la présence du relatif אשר.

[2] *Histoire des deux frères*, p. 13, l. 4.

[3] Champollion, *Grammaire*, p. 34, a parfaitement expliqué ce genre de construction.

[4] *Papyrus Anastasi*, IV, 17, 6.

[5] *Kamaḥu*, mot très-rare, est très-cer-

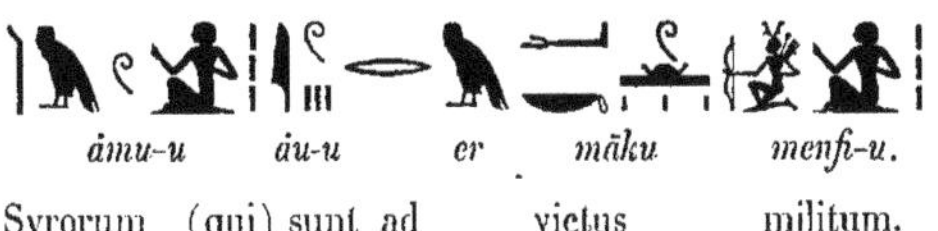

ȧmu-u *ȧu-u* *er* *māku* *menfi-u.*

Syrorum (qui) sunt ad victus militum.

Dans le second membre de la phrase, *ȧu-u* « ils sont » remplace « qui sont. » Cette tournure elliptique est fréquente, surtout avec l'emploi du verbe *ȧr* « être, » le pluriel *ȧr-u* indiquant, dans un second membre de phrase, les choses ou les hommes « qui sont, etc. » comme dans l'exemple suivant tiré du *Rituel funéraire*[1] : « L'osiris (un tel) connaît les sept vaches sacrées et le taureau, »

ȧr-u *ṭaṭa-u* *ta-u* *ḥek-tu n* *ānχu.*

A qui sont donnés les pains et les boissons des vivants.

L'ellipse de *nti* ou *n* est constante quand il y a une particule à la fin de la phrase; je prendrai pour exemple la locution très-usitée[2] : *em bu neb mer ka-ȧ am,* qu'il faudrait traduire mot à mot « en tout lieu (que) je désire (être) dedans. »

La même ellipse était enfin autorisée partout où le sens relatif était suffisamment clair, comme dans les mots *er bu(t) mer-f* « au lieu (que) il lui plaît[3]. »

199. Une autre formule relative, particulière à la langue antique,

tainement, comme une foule d'expressions de ce papyrus, emprunté à un dialecte sémitique. L'arabe قمح signifie « du blé, » et la Bible emploie קֶמַח pour « la farine; » mais l'éthiopien ቀምሕ ፡ indique des denrées plus grossières et à l'usage du bétail. Notre texte parle en effet, dans cette partie de la phrase, de pains d'une qualité inférieure, destinés aux soldats. *Kamaḥu* doit donc être interprété par des grains moins précieux que les blés de la vallée du Nil.

[1] Lepsius, *Todtenbuch,* 148, 9. (Voy. *Mémoire sur l'inscription du tombeau d'Ahmès,* p. 85, et *Essai sur la stèle de Bachtan,* p. 49, la discussion de cette expression.)

[2] Voyez *Todtenbuch,* I, 22 et passim.

[3] Stèle du chef de Bachtan, l. 22, *Essai*, p. 153 et passim.

résultait de la préposition *àm* désignant « l'état; » on trouve souvent, au singulier, la forme dérivée adjective *àmi* et, au pluriel, *àmu*. Ce mot se combine avec la particule *n* et un affixe personnel pour indiquer une relation toute spéciale entre deux termes. C'est ainsi qu'on trouve l'article suivant dans le butin de *Tutmès III* :

knà en χer pef (sas?) haṭ en-sen àm (sas?).

Siéges de ce scélérat (le prince ennemi), six, marchepieds qui leur appartiennent, six [1].

On trouvera, dans les mêmes listes de butin, des exemples tels que *enef àm-u* « choses » ou « personnes qui lui appartiennent, » et *ensen àm-u* « qui leur appartiennent. »

200. Les formes pronominales *àm, àmi, àmu* sont toujours finales dans les locutions précédentes, mais on les retrouve, surtout avec l'orthographe *àm-u* et jointes avec d'autres particules pour former des démonstratifs relatifs; elles deviennent alors initiales. C'est ainsi que de la locution prépositionnelle *em-baḥu* « devant, avant » se tire le pluriel *àm-u baḥu* « ceux qui sont devant, ceux qui étaient avant. » On trouve de même *àm-u χet-u* « ceux qui sont auprès, avec quelqu'un [2]. »

201. Le mot *àri* fournissait également une locution destinée, comme *àmi*, à noter une relation de possession ou de con-

[1] Voyez Lepsius, *Denkmäler*, III, 31, l. 30. Le principal chef ennemi est souvent introduit ainsi par une injure. Dans le mot *haṭ*, qui ne paraît pas pouvoir désigner ici autre chose que le marchepied, le signe déterminerait la position inférieure de l'objet; « le bois » indique la matière.

[2] Cette forme n'existait probablement plus dans le démotique, car le mot *àmu* se trouve au papyrus Rhind écrit par la variante graphique *àm-u* et traduit par *na-nti*, le copte ⲚⲈⲚⲦ « ceux qui. » (Voyez Brugsch, *Papyrus bilingue* Rhind, n° 173.)

comitance. Le sens radical était « garder, » ainsi que le démontre le symbole [hiéroglyphe], [hiéroglyphe], qui représente le berger assis, avec divers attributs. Une seconde signification « accompagner, s'attacher à . . . . . » se joint naturellement à la première; aussi le substantif [hiéroglyphe] s'employait-il également dans les deux sens de « gardien » et de « compagnon. » Les exemples sont très-fréquents, mais dans d'autres cas on aperçoit des nuances qui mènent à un emploi pronominal relatif; exemple :

χutem *àri* *ṭut-sen.*

Le cachet de leur main. (Litt. : qui accompagne leur main[1].)

àri n'indique pas autre chose ici que la relation habituelle. Ce caractère pronominal se distingue encore plus clairement dans des phrases telles que la suivante :

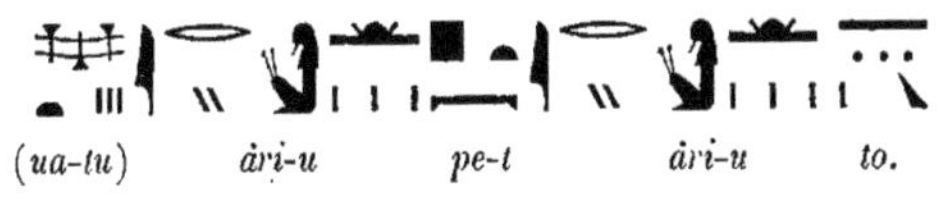

(ua-tu) *àri-u* *pe-t* *àri-u* *to.*

Les routes du ciel et de la terre.

Le mot *àri* n'a pas ici d'autre but que d'attribuer ces routes au ciel et à la terre[2]; on ne pourrait traduire ni « gardiens » ni « compagnons. »

202. A ces expressions si variées qui servaient à distinguer des

[1] *Décret de Canopus*, l. 12. La même phrase, quoique un peu fruste, se reconnaît dans l'inscription de Rosette. (Voyez Chabas, *Inscription de Rosette*, p. 77.)

[2] Lepsius, *Todtenbuch*, 78, 36. Comparez ici Brugsch, *Dictionnaire*, p. 94. Nous ne croyons pas, comme ce savant, que le type [hiéroglyphe] *àri* doive être assimilé à la locution copte ⲉⲣⲟ, ⲉⲣⲟⲕ, etc. celle-ci se décompose évidemment en ⲉ « ad » et ⲣⲟⲕ « te. » La relation peut paraître plus probable avec ⲉⲣⲏⲩ « invicem; » nous y reviendrons un peu plus loin, à propos d'un exemple où *àri* sert à exprimer le pronom réciproque.

nuances diverses dans la relation, il faut ajouter le démonstratif relatif joint à l'idée de totalité : « quiconque, tous ceux qui. »

On trouve, pour rendre ces idées, le composé *pa-nti-neb*, mot à mot « le qui tout[1]. » Celui-ci contient l'expression complète; avec l'ellipse de *nti*, on trouve également *pa . . . neb* séparés par un autre mot et répondant aussi à « quiconque. » *Ramsès II* dit de ses ennemis terrassés[2] :

p-ha neb âm-sen ân tes-f su.

Quiconque tombe, d'entre eux, ne se relève plus. (Analysez : le tout (qui) tombe.)

PRONOMS VAGUES ET PRONOMS OU ADJECTIFS NUMÉRAUX.

203. Les grammairiens donnent des noms assez variés aux mots de cette classe, qui parfois ne sont que des adjectifs, mais qui, parfois aussi, ont le caractère absolu de véritables pronoms. Les adjectifs numéraux s'y rattachent directement, car ils remplacent souvent le substantif auquel ils attribuent une certaine quantité, non définie par un nombre précis.

Le mot égyptien *se* est celui auquel s'attachait plus expressément l'idée vague « d'une personne. » Nous le considérons comme lié d'origine avec les pronoms *su, sen.* Il est même pris substantivement pour l'individu humain. Le féminin est *se-t*, très-souvent joint au mot *ḥime-t* « femme, » il forme le composé *se-t-ḥim-t*, d'où provient visiblement le copte ⲥϩⲓⲙⲉ « mulier, » car le radical simple se retrouve au pluriel ϩⲓⲟⲙⲉ. Ce mot *se* est déterminé tantôt par l'homme et tantôt simplement

[1] Avec ellipse de *bu* « locus » on trouve la locution *em penti neb su âm* « en quelque lieu qu'il fût. » (Voyez le récit de la bataille de Kadesch à Abou-Simbel et au Ramesséum, Lepsius, *Denkmäler*, III, 153 et 187. Cette ellipse de *bu* est habituelle; ..... *penti . . . âm* signifie toujours « le lieu où . . . . . »)

[2] P. Pentaur. *Papyrus Sallier*, n° 3, IV, 3. Le texte est rectifié par celui de Louqsor.

par le trait I, qui remplace l'homme, comme dans d'autres pronoms. L'inscription d'Ahmès fournit de bons exemples de ce premier sens; ce guerrier énumère ainsi les trophées de chacune de ses campagnes[1]:

ȧn-nȧ ḥak-tu ȧm se anχ sen kep ȧfte.

J'ai ramené, pris de là, individus vivants, deux; mains (des tués), quatre.

ȧn-nȧ ḥak-tu ȧm se-ḥime-t χemet kep uā.

J'ai ramené, pris de là, femmes, trois; main, une.

Dans les titres de chapitre du *Rituel funéraire*, la personne du défunt que l'on ne nomme pas est souvent indiquée par le pronom *se*. C'est ainsi que le chapitre XXVI est intitulé [2] :

ru en ertā ḥāti en se nef em χer-t nuter.

Ce qui se traduira mot à mot : « Chapitre de donner le cœur de l'individu, à lui, dans la *χer-nuter* » ou l'enfer égyptien. Nous avons déjà signalé ce genre de construction pour les cas obliques des pronoms.

Nous trouvons, dans le Papyrus bilingue Rhind[3], c'est-à-dire aux dernières époques de l'écriture hiéroglyphique, le pluriel *su*, que le démotique traduit par *na-nti* « ceux qui, » pluriel du relatif ordinaire, en copte ⲛⲉⲛⲧⲉ. Quant au singulier , il correspond ordinairement à un sigle que M. Brugsch transcrit par le copte ⲟⲩⲟⲛ « aliquis. » Quoi qu'il en soit de l'usage du pronom *se* en démo-

[1] Inscription d'*Ahmès* fils d'*Abna*, l. 14 et 17.

[2] Voy. Lepsius, *Todt.* ch. XXVI, titre.

[3] Voyez Brugsch, Papyrus bilingue *Rhind*, pl. XVIII, 2; XXIII, 6.

tique[1], la grammaire copte ne le connaît plus; cependant il en reste, suivant nous, une trace bien visible dans les noms de métier composés avec l'initiale ⲥⲁ, comme ⲥⲁ-ⲛ-ⲱⲓⲕ « boulanger » (celui du pain), et dans les composés analogues à ⲥⲁⲛϣⲁϫⲉ, « bavard. »

On joint ce mot avec l'adjectif de totalité pour former les composés *se neb* « chacun, » *se neb enti* « tous ceux qui. » D'après le caractère des idées égyptiennes sur le nom, expliquées ci-dessus, il est facile de comprendre l'emploi de la formule : *se neb ḥer ran-f* « chacun suivant son nom, » quand on voulait spécialiser davantage[2].

204. Le pronom vague ⲟⲩⲁ « unus, aliquis, quidam, » occupe une place considérable dans le copte; ce type est représenté fidèlement par le groupe , dont les variantes graphiques , et prouvent la valeur phonétique *ūā*. Le caractère symbolique paraît être un dard de pêcheur , , . A l'époque ptolémaïque, ou remplace même I pour l'unité, et l'on rencontre le groupe pour III « trois. » Tous les dérivés de ⲟⲩⲁ tels que ⲟⲩⲁⲓ, ⲟⲩⲱⲧ, ⲟⲩⲁⲁⲧ « unus, unicus, solus » ont leurs correspondants exacts dans les textes égyptiens. Le premier sens pronominal ⲟⲩⲁ « aliquis » apparaît clairement dans l'exemple suivant :

χer ān āu-ā er ṭeṭ-tuf en uā.

Or je ne le dirai à personne[3].

[1] M. Brugsch ne signale pas le pronom *se* dans sa *Grammaire démotique* (voy. p. 116), mais il figure au *Papyrus Rhind* comme transcription exacte de (*Papyrus Rhind*, 14, 2); il est vrai que ce document étant la traduction d'un texte sacré, il est naturel d'y retrouver quelques expressions peu usitées dans le langage vulgaire.

[2] Cet usage tout particulier du mot *ran* nous explique bien l'emploi en démotique du type pronominal *ran-f, ran-u* pour exprimer « le même » ou « le susdit, » c'est-à-dire : le déjà nommé ci-dessus. Nous n'avons pas rencontré encore ce pronom dans les textes hiéroglyphiques. (Voy. Brugsch, *Grammaire démotique*, p. 116, n° 4.)

[3] *Histoire des deux frères*, p. 4, l. 1, dans le passage où *Batu* promet le silence

Nous avons déjà parlé de la locution *uā-n*, suivie d'un substantif, comme *uā-n sefenṭ* « un glaive ; » c'est l'origine évidente du ⲟⲩ copte préfixe à un substantif, et, suivant l'ordinaire, on peut constater que l'article y provient d'un pronom.

Ce mot *uā* indique habituellement « l'unité » d'une manière plus spéciale ; c'est ainsi que l'*Histoire des deux frères* nous apprend par la phrase suivante qu'ils étaient du même lit[1] :

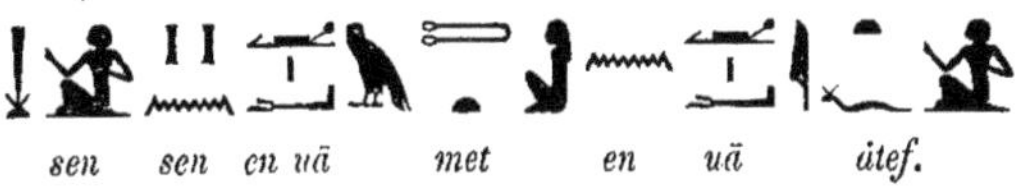

sen sen en uā met en uā ātef.

Deux frères, d'une mère et d'un père.

Ce sens de « un seul et même » ressort également de l'exemple suivant, où il est dit de Ramsès II, après que la paix eut été assurée par ses victoires :

ṭaṭa-nef to-u neb-u ḥer matennu uā.

Il a mis toutes les nations sur la même route (pour venir en Égypte lui rendre hommage)[2].

205. La répétition de *uā* . . . *uā* marque la réciprocité « l'un . . . l'autre ; » exemple, quand *Anepu* eut ressuscité son frère, le texte ajoute[3] :

un ān uā ḳnāu uā ām-sen.

Mot à mot : Fut un à embrasser un d'entre eux.

Mais quand on veut distinguer « l'un » de « l'autre, » on se sert plus volontiers de *uā* et *ki* répondant aux mots coptes ⲟⲩⲁ et ⲕⲉ « unus,

à sa belle-sœur sur ses propositions. Ce type *uā* manque à la *Grammaire* de Champollion. (Comp. Brugsch, *Grammaire démotique*, p. 116, n° 5.)

[1] *Histoire des deux frères*, 1re ligne.

[2] *Papyrus Anastasi*, II, 3, 1.

[3] *Histoire des deux frères*, p. 14, l. 3.

alter; » exemple : *ran uā* « le nom de l'un, » *ran ki* « le nom de l'autre[1]. » Quelquefois on ajoutait l'article au pronom : *p-uā* « l'un, » *p-ki* « l'autre. » Le papyrus *des deux frères* fournit encore un excellent exemple[2] : Lorsque le dieu *Ra* eut séparé les deux personnages par un fleuve plein de crocodiles,

àu pa-uā ām-sen ḥer χepru ḥer uā en rāa-t

àu pa-ki ḥer ket-ta.

l'un d'entre eux se trouva sur une rive et l'autre sur l'autre (rive).

On trouve également, avec l'article féminin, *ta-uā* « l'une » et *ta ket-tà* « l'autre[3]. »

206. L'unité est quelquefois absolue dans *uā*, comme dans le copte ⲟⲩⲁⲁ-ϥ « unicus, solus. » On lit dans la description du grand obélisque de Karnak :

àu nesa-t āner uā em mati.

Il est d'une seule pierre de granit.

Nuter uā doit également être interprété « dieu un, unique. » Dans cette nuance, qui s'étend jusqu'à l'idée de « solitude, » en bonne ou mauvaise part, le copte montre les formes ⲟⲩⲱⲧ, ⲟⲩⲁⲧ, etc. avec un ⲧ final dont nous retrouvons l'origine dans les finales égyptiennes , , , *tu, tà, ti* qui se joignent parfois à *uā* « seul. » Au moment du fait d'armes de Ramsès II en Syrie, le texte du Ramesséum dit[4] :

[1] Edfou, 5ᵉ heure du jour.

[2] *Histoire des deux frères*, p. 6, l. 6. Comparez une autre phrase analogue de composition, p. 16, l. 9.

[3] Voyez *Histoire des deux frères*, p. 16, l. 9.

[4] *Ramesséum*, architrave, au fond de la cour.

àu-f uā ḥer-f àn ki ḥenā-f.

Il était seul de sa personne, pas d'autre avec lui.

Le papyrus Sallier[1] porte dans la même phrase : *āu-f uā,* l'oiseau funeste étant très-ordinairement attaché au même mot *uā* dans l'acception de « solitude. »

L'exemple suivant emploie la forme *uā-tà* (copte ⲟⲩⲁⲧ); les dieux plaignant *Batu* de son isolement dans la vallée du Cèdre, lui disent : *àn àu-k-ṭi uātà* « est-ce que tu restes seul[2]? »

Enfin une dernière ressemblance grammaticale avec le copte doit être signalée dans la faculté qu'avait ce pronom de prendre les affixes personnels, comme ⲟⲩⲁⲁϥ, ⲙⲁⲩⲁⲁⲧϥ « solus ille, » ⲙⲁⲩⲁⲁⲛ « soli nos, » etc.

On remarque parmi les invocations du défunt, lorsqu'il est dans la région de la justice, la prière suivante[3] : *em-àri χaā-f uāu-tif* « ne l'abandonnez pas seul! »

207. C'est en ajoutant à ce mot le signe de la réduplication *sep sen* « deux fois, » qu'on exprimait « un à un; » il faut alors répéter *uā uā,* comme en copte ⲟⲩⲁ ⲟⲩⲁ et ⲟⲩⲁⲓ ⲟⲩⲁⲓ « singuli, singillatim. » *àn retu uā-tu uā-tu* « amener les hommes un à un, » est une expression qu'on lit au Papyrus Anastasi n° 4, parmi d'autres détails d'administration[4].

[1] *Papyrus Sallier III,* 1, 8; 3, 2.

[2] *Histoire des deux frères,* p. 9, l. 1. Ces formes, avec le *t* final, ont essentiellement la valeur du participe ou de l'adjectif verbal qui passe ici au pronom vague. Dans le copte ⲟⲩⲁⲧ « solus, » on voit également par les composés tels que ⲟⲩⲁϥ, ⲟⲩⲁⲁⲥ, etc. que le ⲧ n'est pas radical. ⲙⲁⲩⲁⲧ et ⲙⲙⲁⲩⲁⲧ se sont augmentés de l'*m* d'état de la langue antique; ils se contractent également quelquefois avec les affixes ⲙⲁⲩⲁⲁϥ, etc. Ce composé représente *em-uā.*

[3] Voyez *Todtenbuch,* 163, 12.

[4] *Papyrus Anastasi,* 11, 6.

208. Pour terminer ce qui concerne l'usage grammatical de ce pronom, il nous reste à remarquer que joint au mot *neb* « tout » il signifiera « chacun. » Un exemple très-clair se tire d'une phrase gravée à Karnak dans l'inscription des fondations d'offrandes de Toutmès III; le roi y calcule la somme d'offrandes pour « chacun des obélisques[1] » : *uā neb em nan teχen-u.*

La combinaison avec la négation *ān uā* se traduira par « personne, pas un. » Le *Récit des deux frères* nous en donne également un exemple certain : lorsque *Batu* habitait la vallée du Cèdre, *āu ān uā ḥena-f* « n'était personne avec lui[2]. » Comme signifiant essentiellement le nombre « un, » *uā* sera étudié plus loin au chapitre des nombres.

Le signe de l'unité I suffit quelquefois pour écrire le pronom *uā;* le *Papyrus Prisse* écrit ainsi *uā en reru* « un homme » et *uā en āk* « celui qui entre[3]. »

209. Quelques autres formes pronominales remplacent *se* et *uā* surtout en se combinant avec *neb* « tout. » La première est *un*, qui n'est autre chose que le verbe *un* « être » devenant pronom personnel ainsi que le copte ⲟⲩⲟⲛ « aliquis, aliquid. » Le composé *un neb* « tout le monde » est d'usage fréquent. Comme pronom isolé, nous avons déjà rencontré le pluriel *un-iu* « ceux qui existent, les gens qui sont, etc. » Les formes *unen-tu* et *unen-tiu* sont des variantes avec le *t* final du participe, elles servent aux mêmes usages. Le singulier, sous la forme , est moins usité; la phrase suivante

[1] Lepsius, *Denkmäler*, III, 30, l. 40. Le roi consacre cent pains et quatre (mesures) *tis* de *ḥak* ou « bière. » Ce qui fait, ajoute le texte, pour chacun des obélisques quatre pains et un *tis* de *ḥak*.

[2] *Histoire des deux frères*, p. 8, l. 9.

[3] Voyez *Papyrus Prisse*, VII, 2, et XIV, 12. Comparez Goodwin, *Zeitschrift*, novembre 1867. Ce savant signale, dans le décret de Canopus, l'emploi de dans le sens tout à fait vague *em hru uā* « à un jour quelconque. »

en montre l'emploi; elle commence les prescriptions que *Batu* fait à son frère aîné en le quittant[1] :

âr *āmamu* *er-fet* *unu* *nekt-u* *χeperu nà.*

Si tu apprends que quelque chose me soit arrivé;

unu nekt-u répondrait ici à « aliquid negotii, » dans le sens du copte ⲟⲩⲟⲛ « aliquid. »

210. Le radical signifie essentiellement « lieu; » il devient néanmoins pronom vague s'appliquant aux personnes, il reçoit alors le déterminatif et au pluriel ; c'est ainsi complété qu'il compose le groupe *bu neb* qui traduit le grec ϖάντες dans le décret de Canopus[2].

211. *ḥar, ḥa* est le type du copte ϩⲗⲓ « aliquis; » l'exemple suivant réunit en parallélisme *bu neb* et *ḥa neb*[3]; il s'agit des Ptolémées :

ḥa-u neb *em* *neti-u* *ka-sen* *bu* *neb* *hotep ḥer* *mu-sen.*

Tous sont leurs sujets, chacun est en paix dans leurs eaux.

Ce qui signifie « sous leur direction. »

[1] *Histoire des deux frères*, p. 8, l. 4. Les mots *âr-āmamu* semblent ici pour *âr āmam-ek* « si tu apprends; » cependant *āmamu* peut être une forme passive « s'il est su, etc. » ces manuscrits sont souvent très-incorrects; *ertet* est une conjonction répondant au copte ϫⲉ « que, » dans les phrases de ce genre.

[2] *Décret de Canopus*, partie hiéroglyphique, l. 30.

[3] Voyez Brugsch, *Inscriptions géographiques*, pl. VIII. *Neti* a le sens propre de « sujet, » ce qui se relie avec le radical *net* « rendre hommage. » Voyez pour *ka-sen* le n° 190 ci-dessus. Être *ḥer mu* « dans les eaux » du roi ou d'un dieu est une expression qui signifiait en Égypte, comme dans le langage de nos marins, « suivre, obéir, se diriger d'après les ordres de quelqu'un. »

L'expression *àri-t neb* « tout œil » pour « tout le monde, » qui a été signalée par M. Pleyte[1], est du même genre; elle transforme *àri* en pronom vague.

Ajoutons ici que l'adjectif *neb*, surtout avec un substantif au singulier, prend aussi la signification de « chaque; » ainsi *hru neb* doit être traduit « chaque jour » et non pas « toujours. »

212. L'adjectif pronominal *tennu*, variante graphique , comporte aussi le sens de « chaque[2]. » En effet le texte monumental de Karnak pour le poëme de *Pentaur* porte les mots *tennu hru*, comme variante de *hru neb*[3] « chaque jour, » qu'on lit au même endroit dans le papyrus Sallier. Le parallélisme rend aussi l'exemple suivant très-précieux pour confirmer le sens de *tennu* qui n'existe plus en copte. Il est dit dans les louanges du soleil :

χeper hru neb mes su tennu tuai-t.

Il s'engendre chaque jour et il s'enfante à chaque matin[4].

Ce mot se place devant le substantif qu'il caractérise; exemples : *tennu renpe-t* « chaque année; » *er tennu ruha* « à chaque soir[5]. » Quelquefois le substantif garde même son article : *er tennu pa-àbeṭ* « à chaque mois[6]. »

Nous rencontrons aussi *tennu* joint au groupe *χetu* « choses, »

[1] Voyez Pleyte, *Études*, p. 106.

[2] Cette détermination appartient à M. Goodwin. Ce terme *tennu* ayant plusieurs acceptions, il devient difficile de préciser le premier sens du symbole , l'oiseau appelant. (Voy. n° 79, T. 6.) L'interrogation et la multiplication de l'action qui appartiennent au radical *ten* se présentent également ici à l'esprit.

[3] *Papyrus Sallier*, n° 3, VIII, 8.

[4] Sharpe, *Inscriptions*, II, 93, cité par M. Chabas, *Mélanges*, p. 85.

[5] *Histoire des deux frères*, I, 5.

[6] Voy. M. Chabas, *Mélanges*, p. 85, 11.

χetu tennu : il nous paraît répondre alors à « quæcumque res, » dans l'exemple suivant du *Papyrus Prisse* où il est question de la conduite à tenir à l'égard d'un supérieur[1] : *ar-ek χetu tennu sχa-nef* « fais quelque chose qu'il t'ordonne. » Nous retrouverons bientôt ce mot important aux interrogations et exclamations[2].

213. Nous avons vu que « l'un, l'autre » se rendaient par *pa-uā*, *pa-ki;* ce dernier mot est bien le copte ⲔⲈ, ⲔⲈⲦ « alius, alter. » Il est souvent pronom, comme dans ce passage tiré du *Livre des Souffles*[3] :

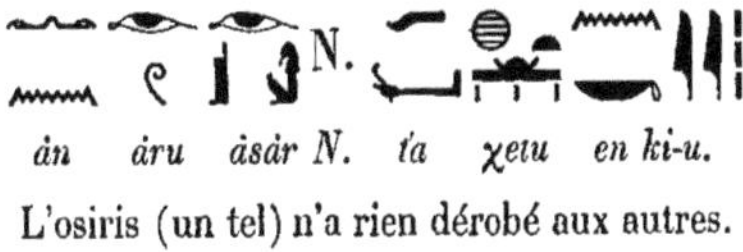

ān āru āsār N. t'a χetu en ki-u.

L'osiris (un tel) n'a rien dérobé aux autres.

Comme adjectif, il se place habituellement avant le substantif qu'il qualifie; exemple : *ki ran* « un autre nom. »

Les exemples cités ci-dessus prouvent que le féminin prenait quelquefois la terminaison *tā* : *ta ket-tā* « l'autre. »

214. Le groupe *keteχu* peut être une expression renforcée tirée du même radical *ke, ket;* il signifie « autre, » mais en insistant davantage sur l'idée de « différence. » C'est ce qui résulte

[1] *Papyrus Prisse,* IX, 1. Le déterminatif joint ici à *tennu* pourrait jeter quelque doute sur cette interprétation; peut-être *tennu* se prêtait-il aux sens de « questions » ou « ordres. »

[2] Un signe de tracé douteux, dans l'inscription de Rosette, a été interprété par Champollion (*Grammaire,* p. 314) par ☥ et traduit par « chaque. » Le texte paraît porter , mais on ne peut distinguer nettement la tête ; le tracé se concilierait aussi bien avec ☥ ou la tête d'oie. Le grec κατενιαυτόν et le démotique *χer renpe-t* « par année » n'éclaircissent pas la question suffisamment; le signe douteux peut aussi bien cacher une préposition que le pronom « chaque, » et serait ainsi plus conforme au démotique *χer* et au grec κατά.

[3] *Ša en sinsin,* § 11, manuscrit du musée du Louvre.

du passage suivant, où *Batu* s'expliquant avec *Anpu* lui révèle les propositions honteuses qu'il a reçues de sa belle-sœur; après quoi il s'écrie[1] :

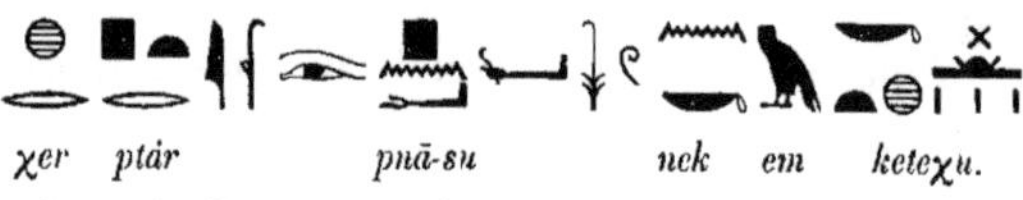

χer ptār pnā-su nek em keteχu.

Or voici! elle a tourné cela pour toi en (tout) autre chose.

Comme adjectif, *keteχu* était placé devant le substantif (de même que *ki* et *tennu*), à en juger par les mots *keteχu ro-u* « autres chapitres, » titre d'une division du *Papyrus magique Harris*[2], et par quelques autres exemples.

215. C'est ici le lieu d'expliquer une variante de la formule *p-uā* ..... *p-uā* pour le pronom réciproque. Le radical *āri* « socius, æqualis » se prête facilement à cette nuance, conservée dans le copte ϩⲣⲉϫ « invicem[3]. » Le texte suivant montre comment il se construisait dans cette acception; après la résurrection de *Batu* les deux frères s'embrassent[4] :

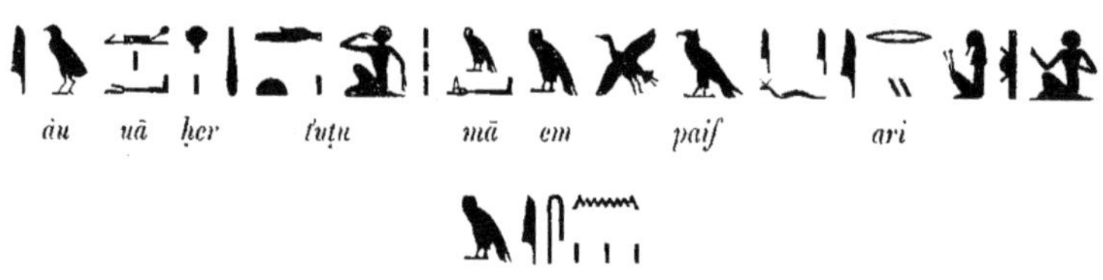

ȧu uā ḥer ṭuṭu mā em paif ari

ȧm-sen.

Littéralement : Fut l'un à parler avec son compagnon d'entre eux (pour : ils se parlèrent l'un à l'autre).

[1] *Histoire des deux frères*, p. 7, l. 6.

[2] Voyez Chabas, *Papyrus magique Harris*, p. 17.

[3] Voyez ci-dessus, n° 202.

[4] *Histoire des deux frères*, p. 14, l. 4. Remarquez l'orthographe pour *ȧm*; ce peut être une faute du scribe, qui est loin d'être correct dans ce manuscrit; mais on rencontre très-souvent de ces changements de place dans l'ordre des caractères, même sur les monuments les plus soignés.

216. Le radical *sep* se retrouve exactement dans le copte ⲥⲉⲡⲓ «superesse, remanere,» et le pronom antique *sep* est parfaitement conservé sous les formes ⲥⲉⲡⲓ (memphitique) et ⲥⲉⲉⲡⲉ (sahidique) «reliqui.» Le sens du radical *sep* est clairement établi par la formule suivante qui termine les calculs au registre de comptabilité du musée du Louvre :

Sepi-t un-t em (ṭut-f) en pa ḥeseb en renpe-t 29.

Littéralement : Reste existant dans sa main du compte de l'an 29.

C'est ainsi que le comptable constate le résultat définitif des entrées et des sorties. Pour les comptes partiels on trouve des formules abrégées : *sepi-t em (ṭut)-f* «restant dans sa main,» *un-t em (ṭut)-f* «existant dans sa main,» c'est-à-dire «par devers lui;» ce sont les quantités non employées et dont il reste chargé relativement à l'État.

Il faut observer avec soin les particules qui gouvernent la construction; *sepi ḥer ṭut-f* sera au contraire «les restes de sa main.» Au retour de Séti Ier, après sa campagne de Syrie, l'inscription de Karnak parle ainsi des vaincus[1] :

Sep ḥer (ṭut)-f em sekar ānχ ān er to merā.

Le reste de sa main est amené prisonnier vivant en Égypte.

Un sigle démotique de la forme répond nombre de fois dans l'inscription de Rosette aux mots grecs ἄλλα, ἄλλων, ainsi que Young l'avait tout d'abord constaté[2]. M. Brugsch

[1] Champollion, *Notices manuscrites de Karnak*. Dans , le signe ⊙ est phonétique pour *sep*.

[2] Young, *Hieroglyphics*, inscription de Rosette. (Comparez Brugsch, *Grammaire démotique*, p. 115, 116.)

a prouvé qu'il se lit *Sep;* parmi les expressions phonétiques de cette syllabe, [hiéroglyphe], ou mieux encore [hiéroglyphe], peuvent être signalés comme le type du sigle démotique précité. (Voyez ci-dessus, n° 75, S, 7[1].)

L'exemple suivant, tiré du récit de *Piānχi-meriàmun,* réunit le verbe *sep* et le pronom *sepi.* Irrité à la nouvelle d'un combat livré contre ses troupes à Hermopolis, le roi éthiopien s'écrie[2] :

[hiéroglyphes]

àn àu er-ṭa-t-ensen sep sepi em (menitu) na to (χab).

Mot à mot : Est-ce qu'ils feront rester un reste parmi les guerriers de la Basse-Égypte ?

217. L'expression la plus vague du pronom indéfini est le groupe [hiéroglyphes] *men* « un tel; » le démotique a conservé ce mot et le copte le reproduit dans le composé ⲡⲁⲫⲙⲁⲛ ὁ δεῖνα « quidam, » où l'initiale ⲡⲁⲫ semble due à un redoublement de l'article. Les noms des individus auxquels doivent être appliquées les formules magiques sont remplacés dans les papyrus[3] par la formule [hiéroglyphes] *men mesu en men* « un tel, fils d'un tel[4]. » Le féminin est [hiéroglyphes] *ment* « une telle[5]. »

218. « Tel ..... tel » expression pronominale de la similitude est rendu par la répétition du mot [hiéroglyphes] *χii.* Nous pensons qu'il faut rapporter cette forme au radical *χa* « mesurer, » en copte ϣⲓ « me-

[1] Dans deux autres passages de la pierre de Rosette, les mots grecs ἄλλοις et ἄλλων paraissent correspondre à [sigle]. On a traduit jusqu'ici [hiéroglyphes] par « les dieux des nomes, du pays; » mais ni le grec ni le démotique ne renferment l'idée de pays. Nous pensons que [sigle] mis au pluriel cache ici un pronom et peut-être même le mot *sep;* car nous avons d'ailleurs remarqué la variante [sigle] *sep* (abrégé de *ḥesep?*) dans le nom d'Osiris-*sep*, sur un sarcophage de l'époque saïte.

[2] Stèle de *Piānχi-meriàmun*, l. 24.

[3] Voyez Pleyte, *Études*, 110 et *passim*, et *ibid.* pl. VI, l. 5, pour la variante de la note suivante.

[4] La variante de cette formule, écrite [hiéroglyphes] *men mes en ment,* montre deux valeurs rarement employées pour *men* et empruntées primitivement à l'écriture secrète; [sigle] est un sigle pour le mot *mes.*

[5] « On » se rendait par le passif.

surer," d'où provient également $\chi a \chi$ « être égal, » en copte ϣⲏϣ etc. L'inscription de Ramsès II à Abydos en fournit d'excellents exemples[1]. Isis dit au roi : « Ta vie est comme celle de mon fils Horus. »

χii entuk χii pere em χa-tâ.

Tel tu es, tel (celui qui) est sorti de mon flanc.

Ramsès dit, à son tour, en se comparant à son père :

χii se χii mes-su.

Tel (est) le fils, tel le père qui l'a engendré.

On retrouve un peu plus loin le même mot, sans répétition : *χi-nek* « tel tu es, je suis; » *χi-nek* doit s'analyser « comme à toi. »

219. Le groupe , qui signifie d'une manière très-générale « des choses, des affaires, des biens, » devient aussi un pronom dans le sens de « aliquid, » comme dans l'exemple suivant[2] :

ân âru âsâr N. tu χetu em ťaui.

L'osiris (un tel) n'a pris aucune chose par vol.

Le composé *χetu neb* répond à la locution copte ϩⲉⲛⲓⲃ

[1] Comparez Maspero, *Inscription d'Abydos*, l. 7, 14, 60. Ce savant ne paraît pas avoir bien saisi le sens du groupe en question.

[2] *Sa en sinsin*, manuscrit du musée du Louvre, section XIe, au quatrième juge.

« toutes choses. » L'*Histoire des deux frères* nous montre *Batu* revenant le soir à son étable pour soigner ses bestiaux :

atep-tuf em χetu neb en seχe-t.

Étant chargé de toutes les choses des champs.

Le composé *χetu tennu* « quæcumque » cité ci-dessus est tout à fait analogue de sens et de composition [1].

220. Les formes négatives des pronoms vagues résultent ordinairement de leur combinaison avec une négation. C'est ainsi que nous avons rencontré *ȧn uā* « pas un, » *ȧn ki* « pas d'autre. » Mais c'était une habitude spéciale aux Égyptiens de traiter les particules à certains égards comme des mots à flexions, en sorte qu'il suffisait d'ajouter à une négation la finale du participe ou de l'adjectif dérivé, ou même par abréviation les simples signes du pluriel, pour leur donner une valeur pronominale. C'est ainsi que la négation *ȧn*, sous la forme *ȧn-tiu*, signifie « ceux qui n'existent pas. » Un autre pronom négatif se tire, par le même procédé, de la négation *χem*. Les gens qualifiés *χem-iu* sont « ceux qui nient, qui rejettent, » ou simplement « qui ignorent et qui ne font pas » telle ou telle chose. Ramsès II, après avoir échappé aux conséquences d'une surprise, adresse des reproches à ses compagnons d'armes; il convoque pour cela tous ses soldats, et le texte ajoute [2] :

em-mati nai-f ver-u χemi-u (χerau).

Et de même ses généraux qui n'avaient pas combattu.

[1] Ce mot *χetu* rappelle le شي arabe signifiant également « chose, » et il s'employait comme ce dernier d'une manière explétive dans certaines locutions.

[2] Poëme de Pentaur, *Papyrus Sallier*, n° 3, V, 10.

Il est évident que *χemiu* devient ici un simple pronom relatif et négatif de l'action.

221. Les pronoms et adjectifs numéraux étaient assez nombreux[1]; voici les plus usités. La totalité est rendue ordinairement par *neb*. Le copte memphitique est ⲛⲓⲃⲉⲛ et le sahidique ⲛⲓⲙ (où le ⲃ passe au ⲙ). Nos précédents exemples ont déjà fait connaître ce mot, soit comme pronom, soit comme adjectif. Nous avons également indiqué les composés *un neb*, *bu neb*, *heru neb*, *ari-u neb* « tous, tout le monde » et *se neb*, *uā neb* « chacun, chaque. » Mais la totalité s'indiquait encore par d'autres expressions.

222. Le syllabique *ter*[2], qui répond au copte sahidique ⲧⲏⲣ « totus, omnis, » se caractérise comme un substantif dans la locution la plus ordinaire : *p-ta er ter-f* « le monde en sa totalité. » *pe-(menfi?) er ter-f* « l'armée entière » montre la même construction. En copte, ⲧⲏⲣ allié aux affixes personnels ⲧⲏⲣϥ, ⲧⲏⲣⲛ̄, etc. « totus ille, omnes nos, etc. » devient un véritable pronom; il est évidemment arrivé au même état en égyptien, car rien n'est plus fréquent que les mots *ta ter-f* « le pays entier, le monde entier. »

223. Le substantif *fu*[3], qui signifie « dilatation, grandeur, étendue, » fournissait une expression du même genre. Il paraît bien

[1] Il est très-probable que le nombre en sera augmenté; nous soupçonnons l'existence de plusieurs autres expressions analogues à celles que nous expliquons ici.

[2] Le sens radical de *ter* nous paraît être « l'extrémité; » on doit probablement rapprocher de ce mot le copte ⲧⲁⲣ « vertex, cuspis » ainsi que ϫⲉⲣ « acuere » et le substantif égyptien *teruu* « extrémités, limites. »

[3] L'orthographe complète *fu* apparaît dans de nombreuses variantes; la nature de l'objet n'a pu être encore bien déterminée.

répondre au copte ⲟⲩⲉⲓ «longe distare, longitudo.» Il se combinait avec les particules *em, er, àu;* c'est ainsi que nous lisons sur la statue naophore du Vatican, à propos de la conquête de Cambyse :

ḥak-nef ta pen er fu-tef.

Il fut maître de ce pays tout entier; (analysez : A toute son étendue).

On lit aussi dans l'hymne au dieu *Rā* : *àr nen er-fu-u* «il a fait ces (choses) dans leur totalité.» On trouve également dans le même sens *em fu-f,* et plus tard, *àu fū-f.* Ainsi construit, *fu* reste substantif, mais, ainsi que *ter,* il finit par perdre les particules et par s'accorder simplement avec les substantifs précédents; le copte ne l'a pas conservé dans cette acception.

Nous ajouterons ici quelques mots pour indiquer un système de périphrases analogues et marquant la totalité, ou excluant l'exception. Ainsi *mà (keṭ)* «suivant la nature» d'une chose. Le roi donne un domaine *mà (keṭ-f)* «d'après sa totalité,» ce qui répondrait à notre expression «tel qu'il se comporte[1].»

224. Le lézard paraît être le véritable symbole du grand nombre, car ce caractère est polyphone et répond à divers mots qui signifient «nombreux.» La variante *àš* a été souvent constatée, c'est le copte ⲁϣⲁⲓ «multus.» Outre son emploi ordinaire, comme dans le titre d'Osiris *àš ran-u* «celui qui a beaucoup de noms,» il pouvait prendre l'*s* initial causatif et former le verbe *se-àš* «multiplier.» Quelquefois aussi il se combinait avec une particule, ainsi que nous venons de l'expliquer pour *ter* et *fu.* L'inscription de Rosette rend l'idée d'une grande

[1] Comparez *mà àṭ,* Brugsch, *Dictionnaire,* verbo *àṭ* «multitudo.»

quantité (ligne 4) par [hiéroglyphes] *χet neb mȧ ăš-sen*, littéralement « toutes choses d'après leur multitude. »

Le superlatif s'écrit ordinairement par les groupes [hiéroglyphes] *ašu uer-t* « très-nombreux. »

Lorsque le signe [hiéroglyphe] est écrit sans compléments phonétiques, il est souvent difficile de choisir le mot qui convient pour sa transcription; outre la variante [hiéroglyphe] *ăš* on remarque parfois le groupe [hiéroglyphes] qui exige une transcription *ȧχ* ou *χe* [1].

Dans le groupe [hiéroglyphes] *ḥer-u* le lézard ne paraît pas autre chose que le déterminatif d'une autre expression pour un très-grand nombre [2] : le chemin [hiéroglyphe] y figure symboliquement, comme dans [hiéroglyphes] *usi* « extrêmement. »

Nous pouvons encore constater une expression toute différente et conservée dans les mots coptes ⲙⲁⲧⲉ « multum, » ⲉⲙⲁⲧⲉ « plus [3]. » Ils correspondent évidemment au thème égyptien [hiéroglyphes] *umetu* « nombreux. » Médinet-abu me fournit l'exemple suivant dans le récit de la première campagne de Ramsès III :

maa-f umet-u mȧ sanchem-u.

Il vit (les ennemis) nombreux comme des sauterelles [4].

225. Le terme [hiéroglyphes] *kennu* avait moins d'extension que les

[1] [hiéroglyphes] (*aχ?*) forme le nom d'un génie céleste; il se retrouve dans le nom propre [hiéroglyphes] *pse ..... χe*. Or la même transcription démotique est appliquée à ce nom égyptien (manuscrit du *ša en sinsin*, au musée du Louvre) et au nom grécisé *ψσενασυχις* expliqué par M. Brugsch dans le Papyrus bilingue de la bibliothèque. Le phonétique de [hiéroglyphes] semble donc être *ȧχ*, où [hiéroglyphe] aura été transcrit *σχ*.

[2] Campagne de *Tutmes III*, Lepsius, *Denkmäler*, III, 31, 29.

[3] Le copte ⲟⲩⲙⲟⲧ « épaisseur, épaissir, s'engraisser, » dépend du même radical.

[4] Une autre lecture *tem* bien constatée pour le lézard cache peut-être encore une autre expression du grand nombre.

précédents; on pourrait le traduire par «plurimi,» il s'applique à des quantités plus ou moins considérables. Les groupes [hiéroglyphes] *hru kennu*, très-souvent employés dans les textes, n'indiquent jamais un temps très-long. Dans le récit des deux frères, *Batu*, voulant profiter d'une journée favorable pour avancer ses semailles, va chercher au grenier [hiéroglyphes] *per-tu kennu* « une quantité considérable de grains. » Et plus tard le roi envoie pour le saisir [hiéroglyphes] *ret-u (menfiu) kennu* « des hommes et des soldats nombreux. » Tous ces exemples exigent une quantité assez importante, mais néanmoins toujours restreinte, par les circonstances mêmes des récits[1].

226. Le mot [hiéroglyphes] *nehau*, variantes [hiéroglyphes] *neh-tu*, [hiéroglyphes] *nehi-tu*, exprime au contraire une quantité minime, «un peu, quelques-uns;» il est tiré du radical [hiéroglyphes] *neh*, en copte ⲚⲈϨ, «séparer, distinguer.» L'inscription de *Piānχi-meriamun* en offre un très-bon exemple; elle raconte, au siége de Memphis, que les assiégés firent d'abord une sortie.

ṭa-sen per (menfiu) er neh-tu em (menfiu) na ḥon-f.

Ils firent sortir des soldats contre quelques-unes des soldats de sa majesté.

Il s'agit évidemment d'un petit détachement surpris par cette sortie[2].

L'oiseau funeste [hiéroglyphe] détermine ou remplace un grand nombre d'adjectifs tels que [hiéroglyphes] *keti*, [hiéroglyphes] *šerâu* «petit, peu considérable,» qui répondent aux mêmes idées que *neh* quand on

[1] Peut-être le copte ⲔⲎⲚ «satis» est-il en rapport avec ce mot.

[2] Stèle de *Piānχi-meriamun*, v°, l. 10. (Comparez Chabas, *Mélanges*, p. 91, où se trouvent d'autres exemples et, entre autres locutions, [hiéroglyphes] «quelques-uns,» opposé à [hiéroglyphes] *keteχu* «les autres.»

les applique à la quantité, et nous mentionnerons, en terminant cette section, un groupe [hiéroglyphes] *ānem-t* qui paraît signifier « rien » ou « la moindre chose. » Il correspond à la négation démotique *emmon* dans la phrase suivante, au papyrus bilingue Rhind[1] :

ān tet-u ānem-t em-baḥu-k.

On ne dit rien devant toi.

PRONOMS INTERROGATIFS.

227. Les formules interrogatives nous occuperont d'une manière générale quand nous en viendrons à étudier le jeu des verbes avec les particules; nous devons nous borner en ce moment à rechercher les pronoms qui interviennent dans les phrases de cette nature. Nous sommes obligé néanmoins, pour l'intelligence des exemples qui vont suivre, d'appeler immédiatement l'attention sur la réaction que certaines particules exclamatives opéraient sur le sens du discours. La particule [hiéroglyphes] *ās*, d'où provient le copte ⲉⲓⲥ « ecce, » employée tantôt comme exclamation et tantôt comme véritable conjonction[2], est la plus usitée pour introduire une tournure interrogative; avec une négation, elle compose l'insinuation négative « num? nonne? »

Le rôle de l'exclamation [hiéroglyphes] *tār* est encore plus décisif; elle renforçait l'interrogation ou l'exclamation dans le sens de notre particule « donc » et se joignait à tous les pronoms que nous allons énumérer. Le sens du radical [hiéroglyphes] *tār* reste obscur pour nous; l'orthographe de la variante [hiéroglyphes] rappelle *tār* « le temps,

[1] Voyez Brugsch, *Papyrus Rhind*, 13, 4. Cette phrase peint l'adorateur silencieux devant la divinité.

[2] Son emploi dans le discours est tout à fait comparable à celui de l'exclamation הִנֵּה, si ce n'est qu'elle indique dans les récits l'événement passé.

le moment, » mais ce rapprochement est douteux parce que les meilleurs textes ne donnent pas d'autre idéogramme au mot *tar* exclamatif que , signe de la parole, et qui indique un rôle grammatical et souvent termine les pronoms de toute espèce.

228. Le pronom interrogatif le plus ordinaire est le mot *àχ*, fidèlement conservé quant au sens dans le copte ⲁϣ « quis? quid? etc. » ⲁϧⲟ « cur? » est encore plus près de l'orthographe antique; il devient dans le sahidique ⲁϩ et ⲁϩⲣⲟ avec les suffixes. Champollion a reproduit dans sa grammaire[1] un exemple excellent pour le sens de *àχ* « quis? » Ramsès II dit aux espions saisis et conduits en sa présence : *entuten àχ*[2] « qui êtes-vous? »

Le *Papyrus Sallier*[3] n° 1 contenait le récit d'un message du roi pasteur *Apapi* vers le roi de Thèbes; celui-ci dit à l'envoyé introduit en sa présence :

ḥer àχ

Qui t'a envoyé au pays du midi? Tu as accompli le voyage, pourquoi?

On voit par cette phrase que *àχ* représente une chose aussi bien qu'une personne.

[1] Voyez Champollion, *Gramm.* p. 255; cette phrase est tirée du récit de la campagne de Syrie, dans la *Grande inscription* d'Abou Simbel et du Ramesséum.

[2] Littéralement « vous qui? » Ainsi placé à la fin, le *àχ* égyptien rappelle à l'esprit le *eh?* qui termine invariablement aujourd'hui en Égypte toutes les questions.

[3] *Papyrus Sallier*, n° 1, p. 2, l. 3.

La combinaison avec *tàr* est très-fréquente; l'invocation prononcée par Ramsès II au moment du danger nous fournira de précieux exemples d'interrogation; elle commence ainsi[1] :

àχe-k tàru àtef à àmen.

Qui es-tu donc, mon père Amon[2] ?

Un peu plus loin[3] le roi interroge encore ainsi le même dieu :

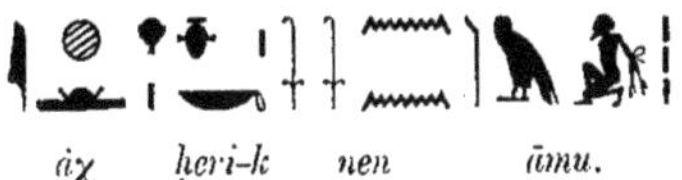

àχ ḥeri-k nen āmu.

Mot à mot : Que sont chez toi ces Amu? (Asiatiques) c'est-à-dire : Quelle estime as-tu pour eux?

Telle est la leçon des monuments; le papyrus se sert ici de l'expression *àχ tàr.*

La combinaison de avec un substantif répond au pronom « quel! » ou « quel? » Le substantif garde souvent son article, malgré la présence du pronom; exemples[4] :

àχ pa - betau āa.

Quelle infamie énorme!

[1] *Poëme de Pentaur.* Le texte du *Papyrus Sallier* n° 3, qui est souvent très-fautif, est heureusement rectifié la plupart du temps par les fragments conservés à Thèbes et à Karnak.

[2] *Papyrus Sallier* n° 3, p. 2, l. 3. Le déterminatif est ici ; le pluriel est ainsi ajouté souvent par les écrivains, sans motif apparent pour nous; peut-être y avait-il une forme au pluriel *tàru.*

[3] *Ibid.* p. 2, l. 5. Le texte des monuments donne clairement ; dans le papyrus lithographié, il semble qu'il y ait *ḥati en*, etc. mais le passage est un peu détérioré. La traduction doit être rectifiée comme nous le faisons ici.

[4] *Histoire des deux frères*, p. 3, l. 10; c'est l'exclamation de *Batu* aux propositions de sa belle-sœur.

13

àχ *pai-k* *ài-t* *em-sa-à.*

Pourquoi me poursuis-tu[1]? (Litt. : Quelle est ton action de marcher après moi?)

Le même mot se combinait avec diverses particules; c'est ainsi que *mà àχ* « quel est-il? comment est-il? » forme une sorte d'interrogation très-usitée dans les papyrus littéraires. On y trouve aussi l'exclamation renforcée *ia-àχ* « ah! quel ..... » exemple :

ia-àχ *paik* - *tet.*

Ah! quel est ton discours!

229. Le mot *mā*, qui n'existe plus en ce sens dans le copte, ne nous paraît différer en rien du מָה interrogatif sémitique. Quoiqu'il figure le plus souvent dans la combinaison *mā-tàr*, il existe néanmoins seul avec un caractère clairement interrogatif. Au chapitre LVIII du *Rituel funéraire*, le défunt est questionné en ces termes sur le nom de son compagnon : *mā enti ḥenā-k* « qui est celui qui est avec toi? » Les mêmes phrases se retrouvent au chapitre CXXII, où la plupart des manuscrits portent :

er mā-tàr *enti ḥenā-k.*

Qui donc est avec toi?

Outre *er*, qui se joint ici à *mā-tàr* sans changer sensiblement la nuance, on trouve diverses autres combinaisons des particules avec *mā* : *ḥer mā* est une question de lieu « où? par où? » C'est ce qu'on doit conclure de la réponse que fait l'osirien

[1] *Histoire des deux frères*, p. 7, l. 3. Reproches de *Batu* à son frère.

à cette question qui lui est adressée après la comparution devant le juge[1] :

Seše - ruk ḥer-mā ȧn-sen eruf.

Par où passes-tu? (disent)-ils à lui.

Il répond ainsi :

Seše-nā ḥer seχemu meh-tu bak.

Je suis passé par les lieux du nord de Bak[2].

230. *nimā*, variantes *nemā* et *em-nimā*, se caractérise comme un dérivé de *mā*, mais c'est un composé bien défini et qui est conservé exactement dans le copte ⲛⲓⲙ « quis? quid? » commun aux deux dialectes. Les deux premiers exemples de ce pronom nous sont apparus dans l'*Histoire des deux frères;* Anpu trouvant sa femme étendue par terre et dans le plus grand désordre, lui dit :

em-nimā ṭuṭ-tu mā-et.

Qui a parlé avec toi[3]?

La femme répond en effet : « Personne n'a parlé avec moi excepté ton frère. »

[1] Voyez Lepsius, *Todtenbuch*, 125, 48. L'ellipse du verbe *ṭet* « dire » est usuelle.

[2] *Seχem* désigne les sanctuaires, et en général les lieux clos, séparés.

[3] *Histoire des deux frères*, p. 4, l. 10. Nous avions déjà expliqué cette locution dans notre cours grammatical du Collége de France, lorsque M. Goodwin l'a reconnue de son côté. On doit d'ailleurs à cet excellent égyptologue la rectification de presque toute la section des formules interrogatives. (Voyez dans Chabas, *Mélanges*, I, 80, et *Voyage*, p. 77, et surtout le numéro de janvier 1868 de la *Zeitschrift*.)

Le second exemple montre la combinaison avec [hieroglyphs] *tār*[1]. *Batu*, changé en taureau sacré, adresse la parole à la princesse qui vient le visiter; celle-ci, dans son étonnement, lui dit :

em-entuk *nā* *nimā-tār.*

Toi, qui es-tu donc?

Le *Rituel funéraire*, qui est très-riche en formules interrogatives, emploie également la forme *nimā-tār*[2].

Il est à remarquer que ces composés *mā-tar* et *nimā-tār* ont à leur tour formé des verbes signifiant «interroger,» ce qui pourrait souvent embarrasser dans l'analyse de certaines phrases où l'on chercherait en vain l'interrogation directe. Au chapitre LXIV du *Rituel*[3], l'âme de l'Osiris dit :

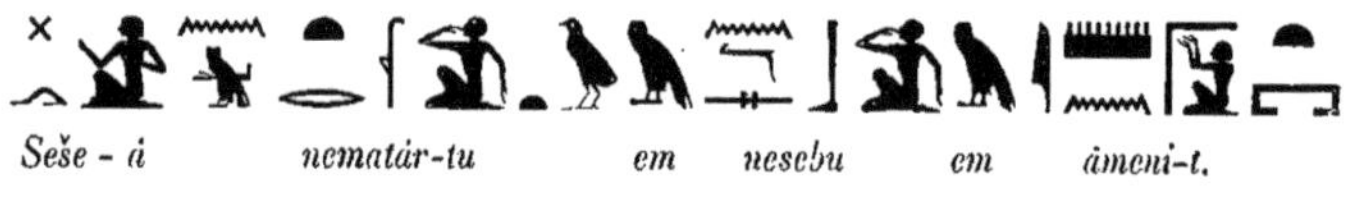

Seše - ȧ *nematār-tu* *em* *nesebu* *em* *ȧmeni-t.*

Je passe, étant questionné par le dévorant[4], dans l'Amenti.

231. Le démonstratif [hieroglyphs] *pu* et même l'article [hieroglyphs] *pa* deviennent exclamatifs ou interrogatifs, soit à la suite d'une exclamation comme [hieroglyphs] *ȧs*, soit avec l'addition de [hieroglyphs] *tār*, ce qui est

[1] *Histoire des deux frères*, p. 15, l. 9. Le mot [hieroglyphs], si le manuscrit n'est pas fautif, est une particule exclamative tirée de [hieroglyphs] *nā* «aller, venir.» Le copte possède encore ⲚⲀ «profecto! utique!»

[2] Voyez *Todtenbuch*, 125, l. 46.

[3] L'Osiris un tel est la qualité que prenait l'âme reconnue vertueuse après la mort. Comparez *Todtenbuch*, p. 64, l. 20. Nous nous servons du beau texte de Petamenoph gravé sur un fragment de jaspe vert et appartenant au musée de l'Hermitage à Saint-Pétersbourg; la finale [hieroglyphs] du participe assure ici le sens verbal.

[4] La plupart des manuscrits portent ici *nesebu* «dévorer, avaler,» les autres ont [hieroglyphs] *nesepu*, qui doit avoir le même sens; comparez cependant *nesep* «tuer, couper,» déterminé par le glaive [hieroglyphs]. On trouve aussi dans d'autres manuscrits [hieroglyphs] *nesek* «couper.»

le cas le plus fréquent. Les trois versions comparées d'un même passage du *Poëme de Pentaur* sont ici très instructives[1]. La phrase suit celle que nous avons rapportée ci-dessus : « Qui es-tu donc? ô mon père Amon! »

Quel père renie (son) fils?

La particule [hiéroglyphe] s'est ajoutée au démonstratif *pu* et à l'article *pa* dans un sens emphatique. Le papyrus emploie ici la formule complète et beaucoup plus usitée *putàr*[2], dont les variantes ordinaires s'écrivent [hiéroglyphes], [hiéroglyphes] *putàr*, et [hiéroglyphes], et où l'exclamation *tàr* décide le sens interrogatif de *pu*[3].

[1] *Papyrus Sallier* n° 3, p. 2, l. 3; texte de Louqsor, l. 26; Karnak, l. 22. Le papyrus se montre toujours moins correct; dans *àtef-f*, le dernier [hiéroglyphe] est probablement fautif, il donne du moins un sens tout opposé à celui des monuments; avec cette orthographe, il faudrait traduire « num ergo patrem suum renuit filius? » Le terme [hiéroglyphes] *χem-her* nous paraît un composé analogue à [hiéroglyphes] *seχ her* « détourner la tête, rester sourd à une parole » et à divers autres verbes suivis de [hiéroglyphe]. (Voy. *Zeitschrift*, janvier 1868, p. 3.) Ce verbe, n'ayant dans aucune des trois versions le signe du passif, doit être considéré comme actif, [hiéroglyphe] étant son régime direct.

[2] C'est encore à M. Goodwin qu'on doit l'explication de cette formule importante.

[3] Les variantes de la forme [hiéroglyphes] et même [hiéroglyphes] sont assez fréquentes, elles font évidemment allusion à *tàr* « temps, moment. » Les variantes avec l'œil [hiéroglyphes] sont plus rares et provien-

putàr est une interrogation fréquente dans le *Rituel funéraire;* on l'emploie particulièrement pour les choses, *mā* et *nimā* étant plutôt appliqués aux personnes. Les exemples abondent, et nous nous bornerons à expliquer deux formules. Nous avons vu ci-dessus l'âme du mort interrogée sur son chemin[1]; après la réponse vient une nouvelle question : *pu-tàr maa-nek àm* « Qu'as-tu donc vu là? » et l'âme satisfait de nouveau ses interrogateurs avant de passer outre.

La rubrique qui sépare, au chapitre XVII, les formules sacrées de leurs explications est écrite ordinairement *putàr ruf su;* les variantes pour les deux pronoms donnent la forme pleine *àruf* pour *ruf* et *si*, au lieu de *su*. La traduction littérale serait « quid ergo hoc sibi? » Qu'est-ce que cela signifie? Qu'est-ce que cela[2]?

232. L'interrogatif *sebi* se prend pour les choses et pour les personnes : *entuk sebi* « qui es-tu? » demande-t-on à l'âme de l'Osiris au chapitre CXXII du *Rituel*. La réponse est *nuk uā àm-ten* « je suis l'un d'entre vous. »

Après la description de la demeure d'un personnage céleste, on demande également au défunt, au chapitre CXXV, l. 64 : *sebi pu* « qui (est) celui-là? » et il répond *àsàr pu* « c'est Osiris. » Dans cette formule, *pu* devient interrogatif comme dans *às pu* et *pu-tàr*. M. Goodwin a fait remarquer que les plus anciennes versions du *Rituel funéraire* emploient souvent *sebi* à la place de *mātàr* et *putàr*[3]; on y trouve même fréquemment la formule *sebi-tàr pu;*

nent certainement d'une confusion avec l'exclamation *ptar* « vois, voici, » tirée du verbe *ptar* « voir. » Ces variantes nous avaient éloigné de la véritable explication; il faut donc rectifier ce que nous avons dit de la formule *ptar àref su* dans nos études sur le *Rituel funéraire*, au chapitre XVII.

[1] Voyez ci-dessus, n° 229, « par où as-tu passé? » lui disent-ils. (Voyez *Todtenbuch*, 125, 48.)

[2] Voyez Goodwin, *Zeitschrift*, 1868, p. 7, et Chabas, *Mélanges*, I, p. 80.

[3] *Id. ibid.* janvier 1868, p. 7.

exemple : *sebi-tàr pu màu àa* « qui est donc le grand chat[1]? » Ajoutons que *sebi* est écrit également ou par abréviation, le groupe exprimant le mot à lui seul.

233. Le pronom vague *tennu*, que nous avons déjà rencontré, est aussi très-souvent exclamatif ou interrogatif. Le radical *tennu* a le sens général de « quantité, » d'où « multiplier, agrandir; » le copte a conservé dans cette acception les adverbes ⲧⲟⲛⲟⲩ « valde, multum, » et ⲧⲟⲛⲁ « omnino. » C'est pourquoi le texte démotique du *Papyrus Rhind* traduit par *ṭa-ai* « faire grand, augmenter. » Le sens de « quantité » est fondamental pour ce mot; dans un tableau de l'Assassif où le scribe enregistre le butin, l'inscription explicative commence par les mots suivants[2] :

Sment *em sešu* *ḥeseb* *tennu-tu.*

On consigne dans les registres, on calcule les quantités.

L'inscription, en effet, continue ainsi : « On réunit les millions, les cent mille, les myriades, les milliers et les centaines. » C'est ainsi qu'il faut comprendre l'expression *àn tennu* « innombrables : » *àn tennu em sak ànχ-u* « innombrables furent les prisonniers vivants, » dit *Aḥmès* fils d'*Abnà*, après l'expédition d'Éthiopie; *àn ten-u* « innombrables » et *an reχ ten-u* « dont on ne sait pas la quantité; » ces deux formes sont employées dans le titre du *Rituel* de *Pa-berer* (manuscrit du Louvre) pour les offrandes et les richesses. Le *Rituel* dit

[1] Passage correspondant au *Todtenbuch*, ch. XVII, l. 46, après la formule relative au grand chat d'Héliopolis, emblème du soleil. Le radical signifie « passer, conduire; » le démotique le traduit par *seni*, copte ⲤⲈⲚ, ⲤⲒⲚⲒ « transire. » Brugsch, *Papyrus Rhind*, 1, 8.

[2] Notes manuscrites de l'Assassif. *ḥeseb* « compter, calculer » est identique avec l'hébreu חָשַׁב et l'arabe حسب.

également en parlant des moissons des champs célestes : *ȧn reχ tennu-sen* « on ne connaît pas leur quantité. »

Le sens du copte ⲧⲟⲛⲟⲩ « valde » se reconnaît facilement dans l'exemple suivant où Ramsès II est qualifié *suten tenu mennu* « le roi abondant en monuments[1]. »

Le pronom vague *tennu* « chaque » se relie bien à l'idée de « quantité » et le premier sens de l'exclamation *tennu* doit être « quantus! » il passe par des transitions naturelles à « quotus? qualis? quis? quid? » *tennu erma-tif* « Quis sicut ille? » dit le *Rituel* en parlant d'Osiris[2].

Ainsi que nous l'avons vu pour divers pronoms, *tennu* peut se rapporter à une personne, une chose ou un lieu. Le copte n'a conservé que cette dernière acception pour le terme correspondant ⲧⲱⲛ « ubi? unde[3]? » Les réponses aux questions introduites dans le discours par prouvent aussi très-habituellement le sens locatif; au chapitre LII du *Rituel*, après avoir justifié de la pureté de ses aliments, l'âme du défunt subit une nouvelle question en ces termes[4] :

er tā-nek ȧm-nek tennu.

Où as-tu pris ta nourriture?

Il explique, en réponse, qu'il a mangé sous les arbres sacrés d'Hathor.

[1] Le sens est encore bien éclairci par les locutions suivantes : *tennu χent* « choisir parmi » et *seten er* « élever sur, préférer. » (Voy. Chabas, *Mélanges*, p. 80, et *Voyage*, *Vocabulaire*, verbo *tennu*. Le sens de « quantité » a été prouvé par M. Birch, et l'interrogation définie par M. Goodwin.

[2] Voyez *Todtenbuch*, 154, 2.

[3] M. Chabas, *Voyage*, p. 164, donne « quis, qualis, quantus » pour les traductions de ⲧⲱⲛ; mais il ne justifie pas ces traductions, qui ne figurent pas d'ailleurs dans nos lexiques.

[4] Voyez *Todtenbuch*, 52, 2.

Il faut également traduire *tennu* par « où? » dans l'inscription du Ramesséum, à la scène des espions amenés devant Ramsès II; ayant avoué qu'ils étaient des émissaires du prince de *χeta*, le roi les questionne ainsi :

su tennu entuf pa-χer en χeta.

Où est-il? lui, est-ce le misérable (prince) de *χeta* [1]?

Il y a deux questions distinctes, l'une sur la position du chef ennemi, et l'autre sur sa personnalité. Le roi ajoute en effet : « J'entendais dire tout à l'heure qu'il était près de *χeleb* (Halep). » Les espions le renseignent alors complétement sur la position de l'armée et sur la personne du chef. Le papyrus du voyage en Syrie contient une foule d'exemples de cette espèce. On y rencontre aussi le composé *ha-r tennu* « par où [2]? ».

Nous retrouvons encore ici *târ* prêtant une nouvelle force à *tennu* comme aux expressions analogues. *âu-k târ tennu* « où donc es-tu? » est encore une des questions adressées à l'âme de l'Osiris [3].

[1] Voyez Lepsius, *Denkmäler*, III, 187, l. 16. Le duplicata d'Abou-Simbel porte au lieu de ; le est oublié ou effacé, ce qui a pu induire en erreur dans l'analyse de cette phrase. Comp. Chabas, *Revue archéologique*, t. XV, p. 722.

[2] Voyez Chabas et Goodwin, *Voyage en Syrie*, p. 164, 180, 182, etc. et *Glossaire*.

[3] Voyez *Todtenbuch*, 64, 24. Cette question vient après les mots : « Je me suis joint à l'*uta*, » c'est-à-dire l'œil symbolique, ayant, entre autres sens, celui de l'accomplissement des périodes. La réponse paraît d'abord obscure; M. Chabas a traduit (*Mélanges*, p. 82) : « Je suis le maître du corps silencieux. » La comparaison de quinze exemplaires nous met en mesure d'affirmer la correction du manuscrit hiératique du Louvre, publié par nous et qui porte en cet endroit : (*putu?*) *χat-â*. Le jaspe de Pétamenoph n'a pas le pronom , mais il confirme le premier groupe. Il faut donc traduire : « (c'est) la néoménie de mon corps » (ou du corps). Cette réponse de l'âme indique qu'elle va atteindre le moment où elle complétera sa résurrection par l'union avec son corps; on sait que est la fête de la nouvelle lune, symbole du renouvellement de la vie après la mort.

234. Le copte possède deux pronoms interrogatifs ⲛⲓⲙ et ⲟⲩⲟⲛ; nous avons reconnu le premier dans *nimā*, le second doit répondre au pronom *un*. Voici en effet un exemple où la valeur interrogative nous paraît appartenir à ce pronom. Il est tiré de l'*Histoire des deux frères*, mais il vient malheureusement après une lacune, que nous remplissons conjecturalement par « (Si je n'avais pas voulu) me plaindre de cette proposition criminelle. »

unu àu-f er àr-f em ḥat.

Qui l'aurait mise au jour?

C'est ainsi que la femme d'Anpu termine sa dénonciation calomnieuse contre son beau-frère[1].

NOMS DE NOMBRE.

CHIFFRES, MESURES ET CALCULS.

235. Un traité des nombres, comprenant la métrologie et le calendrier, serait l'appendice nécessaire d'une grammaire complète. Toutefois, une courte énumération des points acquis à la science suffira pour remplir le but de cet abrégé et pour mettre les commençants en état d'étudier par eux-mêmes les monuments qui contiennent des chiffres, des calculs ou des dates.

Les Égyptiens avaient un système de numération décimal; les chiffres hiéroglyphiques, remarqués d'abord par M. Jomard, complétés et vérifiés ensuite par Champollion, sont faciles à distinguer dans les inscriptions et se suivent dans l'ordre le plus clair[2]; l'unité

[1] *Histoire des deux frères*, p. 5, l. 4. Quelques nouveaux exemples seraient nécessaires pour assurer le sens interrogatif que nous croyons reconnaître ici.

[2] Comparez Champollion, *Grammaire*, n° 174 et suivants.

est marquée par un trait, ordinairement vertical et que l'on répète jusqu'à neuf : 1, |; 2, ||; 3, |||, plus rarement ☰; 4, |||| ou ⁞⁞; 5, ||||| ou ⁞⁞⁞; 6, ⁞⁞⁞; 7, ⁞⁞⁞⁞; 8, ⁞⁞⁞⁞ ou ☰☰; 9, ⁞⁞⁞⁞⁞ ou ⁞⁞⁞[1].

La dizaine, exprimée par le signe ∩, se répète de la même manière jusqu'à ∩∩∩∩∩∩∩∩∩ 90, et la centaine, ainsi figurée 𓍢, jusqu'à 900 𓍢𓍢𓍢𓍢𓍢𓍢𓍢𓍢𓍢. Mille s'écrit par la feuille de lotus 𓆼 et 10,000 par le doigt levé 𓂭; ils se répètent également jusqu'à neuf.

A ces chiffres usuels on doit ajouter quelques signes pris ordinairement dans le discours pour un grand nombre indéterminé, mais qui sont aussi employés dans les calculs pour des valeurs fixes supérieures à 10,000. Le têtard 𓆐 vaut 100,000; 𓁨 très-probablement 1 million et 𓍶 10 millions. Ajoutons, pour compléter la série, la négation 𓂜, qui remplace notre zéro dans certains calculs. Chaque chiffre conserve sa spécialité et ne change pas de valeur par la position. Ils ont été remplacés chez les Coptes par les lettres numérales ⲁ̄ ⲃ̄, etc.

236. Les noms de nombre anciens sont presque tous conservés dans la langue copte; on les écrivait quelquefois phonétiquement.

L'unité est écrite soit avec le groupe complet 𓌃 *uā*, soit avec le dard seul 𓌃, 𓌃. Le copte sahidique a conservé exactement le mot ⲟⲩⲁ.

Pour le nombre deux, le copte sahidique est ⲥⲛⲁⲩ (féminin ⲥⲉⲛⲧⲉ). Les deux traits ||, et plus tard les deux dards 𓌃𓌃, reçoivent le phonétique 𓋴 *sen*, qu'on redouble quelquefois 𓋴𓋴 pour parler à la fois à l'oreille et aux yeux.

Trois |||, ☰ ou 𓌃𓌃𓌃 avait pour phonétique 𓐍𓅓𓏏 *χemet*, dont le

[1] Les nombres se rapportant à un substantif écrit idéographiquement se rendaient quelquefois par la multiplication de la figure. On observe surtout cette particularité dans le nombre *neuf*, qui forme une sorte de pluriel d'excellence; exemples : 𓊹𓊹𓊹𓊹𓊹𓊹𓊹𓊹𓊹 «le cycle des neuf dieux» et 𓌙𓌙𓌙 les neuf arcs indiquant l'ensemble des peuples étrangers.

memphitique ϣⲟⲙⲧ est le plus voisin. Le sahidique ajoute la nasale ϣⲟⲙⲛⲧ; sous les Ptolémées, ce nombre est souvent écrit par trois oiseaux de divers genres, , , etc.

Le nombre quatre se rencontre sous les deux formes *àfte*, *àftu* et *ftu*, *ftu*. Le copte sahidique se sert de ϥⲧⲟⲟⲩ pour le nombre isolé et de ⲁϥⲧⲉ comme affixe après les dizaines[1].

Le nombre cinq est écrit, dans le style récent, par l'étoile à cinq rayons dont la valeur phonétique *ṭau* est bien prouvée[2]. La forme copte ϯⲟⲩ (en affixe ⲧⲉ) est évidemment la même que celle du mot égyptien.

Le nom du nombre six est en copte ⲥⲟⲟⲩ. Dans l'égyptien, M. Birch a indiqué le groupe *sàs* dans un exemple qui peut laisser quelque doute. M. Goodwin a remarqué que l'allitération jouait sur le nombre six avec le groupe qu'il propose de lire *suu*. Cette précieuse indication est confirmée ci-après par le nom du nombre soixante; nous écrivons donc *suu*, pour le nombre six[3].

Le nombre sept a été rencontré par Champollion sous les deux formes *seχef* et *sefeχ*. Les mots coptes ⲥⲁϣϥ sahidique et ϣⲁϣϥ memphitique sont dérivés de *seχef*. Les Égyptiens des bas temps écrivent «sept» avec la tête [4]. Une autre variante, signalée par M. Mariette, se sert du groupe [5].

Le nombre huit s'écrivait phonétiquement *sesennu*,

[1] , signe des bas temps pour «quatre,» fait allusion à la forme carrée des salles panégyriques.

[2] La variante du titre sacerdotal des princesses thébaines égale à provient de cette valeur *ṭ* pour l'étoile.

[3] M. W. Goodwin a signalé, dans le papyrus du musée de Leyde, n° 350, un rapport d'allitération établi entre les nombres écrits en tête de chaque paragraphe et le premier ainsi que le dernier mot du texte correspondant. C'est à cette précieuse découverte, étudiée plus tard par M. Pleyte, que nous devons la connaissance de tous les noms de nombre nouvellement déterminés. (Voy. Goodwin, *Zeitschrift*, 1854, p. 39, 1867, et Pleyte, *ibid.* 1867, p. 1 et suivantes.)

[4] Suivant M. Lauth, par allusion aux sept ouvertures de la tête.

[5] Ce groupe se lit *ḥept* ordinairement; le rapport avec ἑπτά est bien singulier.

mot fort différent du copte ϣⲙⲟⲩⲛ; cette exception, unique dans la série, a de quoi surprendre; mais le mot est trop fréquemment écrit en lettres simples pour nous laisser de l'hésitation. Aux basses époques on trouve pour le nombre huit un chiffre ainsi figuré .

Dans l'antiquité, le groupe est l'expression du cycle des neuf dieux, il se lit *patu;* peut-être varia-t-il de prononciation quand on l'appliqua au nombre neuf en général. Il est certain que le signe resta en usage pour «neuf» dans un temps où ce nom de nombre se prononçait *peseṭ*, comme le copte ⲯⲓⲧ; en effet, à côté du signe , le style ptolémaïque emploie la variante qui se prononçait *peseṭ* (irradiare). Je crois donc qu'il faut transcrire également par *peseṭ* quand c'est le chiffre 9. Un autre chiffre de la basse époque pour le 9, , n'est pas autre chose que l'imitation du chiffre hiératique que nous rencontrons ci-après.

Le chiffre 𓎆, pour «dix,» a comme phonétique le groupe *met*, égal au memphitique ⲙⲏⲧ; le sahidique ajoute quelquefois la nasale ⲙⲛ̄ⲧ. On trouve comme chiffre des bas temps l'épervier ou le phallus .

Aucun exemple ne nous renseigne sur la prononciation des unités jointes aux dizaines; les Coptes font subir de légers changements aux nombres ainsi réunis, comme ⲙⲛ̄ⲧⲁϥⲧⲉ 14, ⲙⲛ̄ⲧⲥⲉ 16, etc. Les unités suivent les dizaines, comme dans l'écriture égyptienne.

Le nombre vingt 𓎇 se prononce en copte sahidique ϫⲟⲩⲱⲧ, memphitique ϫⲱⲧ. Le papyrus de Leyde met ce nombre en rapport avec le groupe *ṭaut;* l'égyptien était donc encore ici identique avec le copte[1].

Plusieurs chiffres ont été relevés dans le style récent; figure dans quelques dates pour le nombre «vingt[2],» ce n'est que l'imi-

[1] *T'aut* est le participe du verbe *ṭa* «passer;» à la fin du paragraphe on remarque les mots *ṭuṭ ṭi-tu,* nouveau jeu de mots ayant le même but que le premier.

[2] Stèles du Sérapéum, du temps de Psammétik Ier, au musée du Louvre.

tation du signe hiératique pour le vingtième jour du mois. [hiér.] indique deux dizaines par deux boucles de cheveux. La tête d'oiseau [hiér.] reçoit aussi cette valeur «vingt» dans quelques dates[1]. On trouve enfin les deux éperviers [hiér.] pour deux dizaines.

Le mot égyptien pour trente devait différer bien peu du mot *χemet* «trois,» car le nom propre du dard [hiér.] s'écrit [hiér.] et reçoit pour variante [hiér.][2]. Le copte sahidique ⲙⲁⲡ, memphitique ⲙⲁⲁⲃ est fort différent. Trente ou plutôt trois dizaines sont rendues par [hiér.] trois boucles dans les monuments récents.

Nous ne connaissons pas de renseignements certains pour le nom du nombre 40. Dans l'orthographe récente, on a signalé le groupe ★★★★ ★★★★ ou huit fois 5. Le copte sahidique est ϩⲙⲉ.

A partir de cinquante, les noms des dizaines sont tirés, dans le copte, du nom de l'unité correspondante; ϯⲟⲩ «cinq» a donné ⲧⲁⲓⲟⲩ «cinquante.» Le manuscrit de Leyde termine le paragraphe 50 par le mot [hiér.] *patuu* dont la finale *tuu* indique un mot identique avec ⲧⲁⲓⲟⲩ.

Soixante, en copte ⲥⲉ (comparez ⲥⲟⲟⲩ «six»), se disait en égyptien *su* ou *sau;* en effet, le paragraphe 60 du manuscrit précité commence par [hiér.] *sa-ut* et finit par [hiér.] *sautu*. Le chiffre des bas temps pour 60 est [hiér.], imitation évidente du chiffre hiératique[3].

Pour soixante et dix, le copte a les formes ϣϥⲉ, ϣϥⲉ, qui s'écartent un peu de ⲥⲁϣϥ «sept.» Le paragraphe 70 du manuscrit commence par le mot [hiér.] *sefeχu* et finit par [hiér.]

[1] Peut-être serait-ce la tête de l'oiseau appelé [hiér.] *tat*. (Voy. la stèle de *Pischerenptah*.)

[2] Voyez Brugsch, *Zeitschrift*, février 1868. L'égyptien peut avoir possédé deux termes différents : le papyrus de Leyde met en rapport avec le nombre 30 un mot terminé par *bu* et dont le premier signe ressemble à [hiér.] *teb* ou à l'hiératique pour «trente.» On trouve également, sur une stèle du Louvre, le titre [hiér.] que nous serions bien tenté de lire *mabu*, d'après le copte ⲙⲁⲁⲃ.

[3] Voy. le tableau ci-après, planche II, au nombre 60.

àn χesef-f, c'est un jeu de mots par approximation qui ne suffirait pas pour renseigner exactement; joint avec le premier, on en peut conclure que 70 se prononçait d'une manière peu différente de *sefeχ* ou *seχef* « sept. »

Quatre-vingts, en copte memphitique ϩⲁⲙⲛⲉ, sahidique ϩⲙⲉⲛⲉ, se retrouverait exactement dans le mot indiqué par M. Goodwin : le manuscrit ne nous renseigne pas de la même manière, il nous renvoie au nombre « huit » par le mot *sesennuiu*. Peut-être la langue possédait-elle deux termes différents. Le chiffre ptolémaïque « quatre-vingts » est encore une imitation de l'hiératique[1].

Le copte présente pour quatre-vingt-dix les formes, sahidique ⲡⲉⲥⲧⲁⲓⲟⲩ, memphitique ⲡⲓⲥⲧⲁⲓⲟⲩ provenant de ⲯⲓⲧ « neuf; » le même rapport existait en égyptien, le manuscrit met ici en allitération le même groupe que pour le nombre 9 : le cycle des neuf dieux prononcé *patu*.

Le copte ϣⲉ « cent » est également égyptien; le manuscrit établit ici l'allitération avec le mot *šaā*.

Pour 200, le memphitique ϣⲏⲧ semble bien provenir du précédent avec la finale *ti* du duel. Le mot antique était le même, le manuscrit se sert ici du mot *šetau*.

Après 200, le copte place les noms d'unités avant le mot ϣⲉ, comme ϣⲙⲛⲧϣⲉ sahidique, 300. Le précieux manuscrit de Leyde montre que telle était aussi la règle égyptienne, il commence par *χemet ša* le numéro 300 et par *ftu ša* le numéro 400.

Le signe 1,000 n'est autre chose que la lettre *χa*, le copte ϣⲟ montre l'adoucissement ordinaire de χ en *š*.

Le doigt levé, valant 10,000, se prononçait *teb*[2]. Le même

[1] Voyez le tableau des chiffres hiératiques, planche II, au nombre 80.

[2] ; cette orthographe pleine se remarque notamment dans le verbe *tebah* « prier. » Comparez les variantes *tāb* et *teb*.

rapport est conservé dans le copte sahidique : ⲧⲏⲃ « doigt, » ⲧⲃⲁ 10,000. Les 1,000 et les 10,000 se répètent jusqu'à neuf comme les chiffres précédents.

Le têtard, 100,000, se prononçait *ḥufennu*[1]; le nom spécial n'existe plus en copte. Pour plusieurs centaines de mille, on pouvait aussi répéter le signe ou le placer sur des unités; exemple : 400,000. Les grains des domaines de Mageddo sont évalués dans l'inscription de *Tutmes III*[2] à un nombre de *ṭena* « mesures » exprimé par 208,200 (dizaines et unités effacées). Ailleurs le même document fournit le nombre de 120,214[3].

Le signe répond au phonétique *ḥeḥ* et au copte ϩⲁϩ « multitudo, multus. » D'après la progression décimale des expressions numériques, il doit signifier « un million » quand on le prend dans le sens absolu[4]. La phrase suivante, tirée du discours de Ramsès II, au *Poëme de Pentaur,* montre l'emploi des trois derniers nombres[5]:

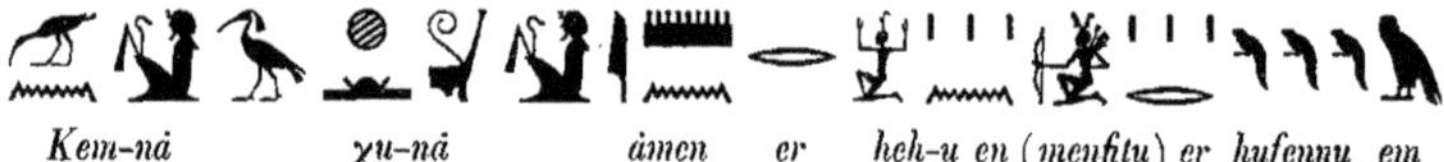

Kem-nà χu-nà àmen er ḥeḥ-u en (menfitu) er ḥufennu em

[1] Le *Poëme de Pentaur,* Papyrus 3 Sallier, III, 3, nous a fourni la première transcription de ce mot. (Voyez Devéria, *Revue archéologique,* 1862, t. I, p. 253, pour ce chiffre et les suivants.)

[2] Lepsius, *Denkmäler,* III, 32, et 199, 16.

[3] Dans les inscriptions des derniers rois d'Éthiopie, précède immédiatement. Nous serions tenté de croire qu'il ne valait alors que 10,000; ainsi dans l'exemple de la stèle du roi *Hor-si-àtef* nous traduirions 55,359 bœufs; car les nombres 505,359 et plus loin 600,000 nous paraissent invraisemblables pour du gros bétail dans la région éthiopienne.

[4] Avec le signe du temps, le groupe *ḥeḥ* s'appliquait à la durée indéfinie du temps, qui a commencé à la première apparition du soleil, selon la doctrine du chapitre XVII du *Rituel.*

[5] *Poëme de Pentaur,* 3 Sallier, III, 3, et texte de Louqsor. Ajoutons que le signe paraît souvent désigner le plus grand nombre imaginable; il est écrit du dieu créateur :

àu-k uā-tà àu ḥeḥ en ānχ àm-ek.

Tu es un seul, et un million d'êtres vivants proviennent de toi.

ent-ḥetar-u *er sa* *ṭeb en* *sen* *χarutu* *àu-sen*

ṭemeṭ em ḥu uā.

Ce que nous traduirons mot à mot par : « Je trouve que je préfère Ammon à des millions de soldats, à des centaines de mille de cavaliers, à une myriade de jeunes frères, réunis ensemble[1]. »

La progression des séries de chiffres ajoute encore ici l'anneau Ω, prononcé *šennu,* qui par sa forme de cercle inspire l'idée d'infini. Il est probable qu'il recevait aussi la valeur fixe de 10 millions[2]. On combinait d'ailleurs ces derniers signes pour indiquer des nombres immenses : ainsi, Ω vaudra 100,000 × 10,000,000 ou 1,000,000,000,000. C'est ainsi qu'il est dit de Ramsès III à Médinet-abu :

Ptàr-f *ḥufennu šennu mà uā.*

Il regarde les multitudes immenses (des ennemis) comme un seul (homme).

La combinaison du signe avec la palme des années et le têtard ou l'anneau Ω, quelquefois réunis, indiquent, d'après ces principes, des périodes d'une immense durée , , etc.

FORMES CURSIVES DES CHIFFRES.

237. (Voir les planches I, II, III, IV et V.) Les formes données aux chiffres dans les écritures cursives de l'Égypte sont disposées dans nos tableaux d'après leur ordre paléographique; on comprend

[1] Par l'expression *sen χarutu,* le roi indique probablement les jeunes princes comme type de héros.

[2] M. Birch indique une variante de même valeur, écrite *šeni-tu, Zeitschrift,* etc. 1868, p. 10.

ainsi leur origine hiéroglyphique et l'on peut suivre des yeux la marche des abréviations. La première série *a* appartient à l'ancien empire; une grande partie de ces formes archaïques ont été recueillies par nous dans un registre de comptabilité appartenant au musée de Boulaq[1].

La deuxième série *b* appartient presque tout entière au règne de *Séti Ier* (XIXe dynastie[2]).

La troisième série *c* est tirée de papyrus moins anciens; c'est en général à ce type qu'appartiennent les formes reproduites par Champollion[3].

Dans les trois premiers chiffres hiératiques[4] les unités sont simplement reliées, mais, dans le 3 démotique, le second trait étant tracé en remontant et le troisième en descendant, le chiffre a déjà perdu la claire signification de son premier aspect. Pour le chiffre 4, la dernière variante hiératique a remplacé les trois premiers traits par une ligne courbe.

Le chiffre 5 reçoit une explication de son tracé le plus ancien : les trois premières unités ont été petit à petit abrégées en un trait transversal, le long trait vertical étant pris pour deux. Le nombre 6 est quelquefois écrit par deux fois 3; dans le chiffre 6 hiératique on voit le second nombre 3 abrégé à son tour en un trait transversal. Les deux variétés du 7 décèlent le même principe d'abréviation : la première forme[5] montre que le trait oblique est l'abrégé

[1] Ce papyrus est écrit dans le style de la XIIe dynastie; on y trouve mentionnée une reine nommée *ââ*, un prince *ran senb* et divers personnages de la même époque; les distributions de vivres étaient faites par un préposé de la maison royale.

[2] Registres de comptabilité publique du musée du Louvre et de la Bibliothèque impériale. Ce dernier a été publié dernièrement par M. Pleyte dans les *Papyrus Rollin*, etc. Malheureusement les figures des chiffres n'ont pas toujours été scrupuleusement décalquées par le dessinateur.

[3] Voyez *Grammaire égyptienne*, n° 179 et suivants.

[4] Voyez la planche I.

[5] Cette première forme, quoique très-rare, est d'une valeur certaine; elle figure notamment au papyrus de Boulaq dans la somme 17, résultat de l'addition de 16 plus 1.

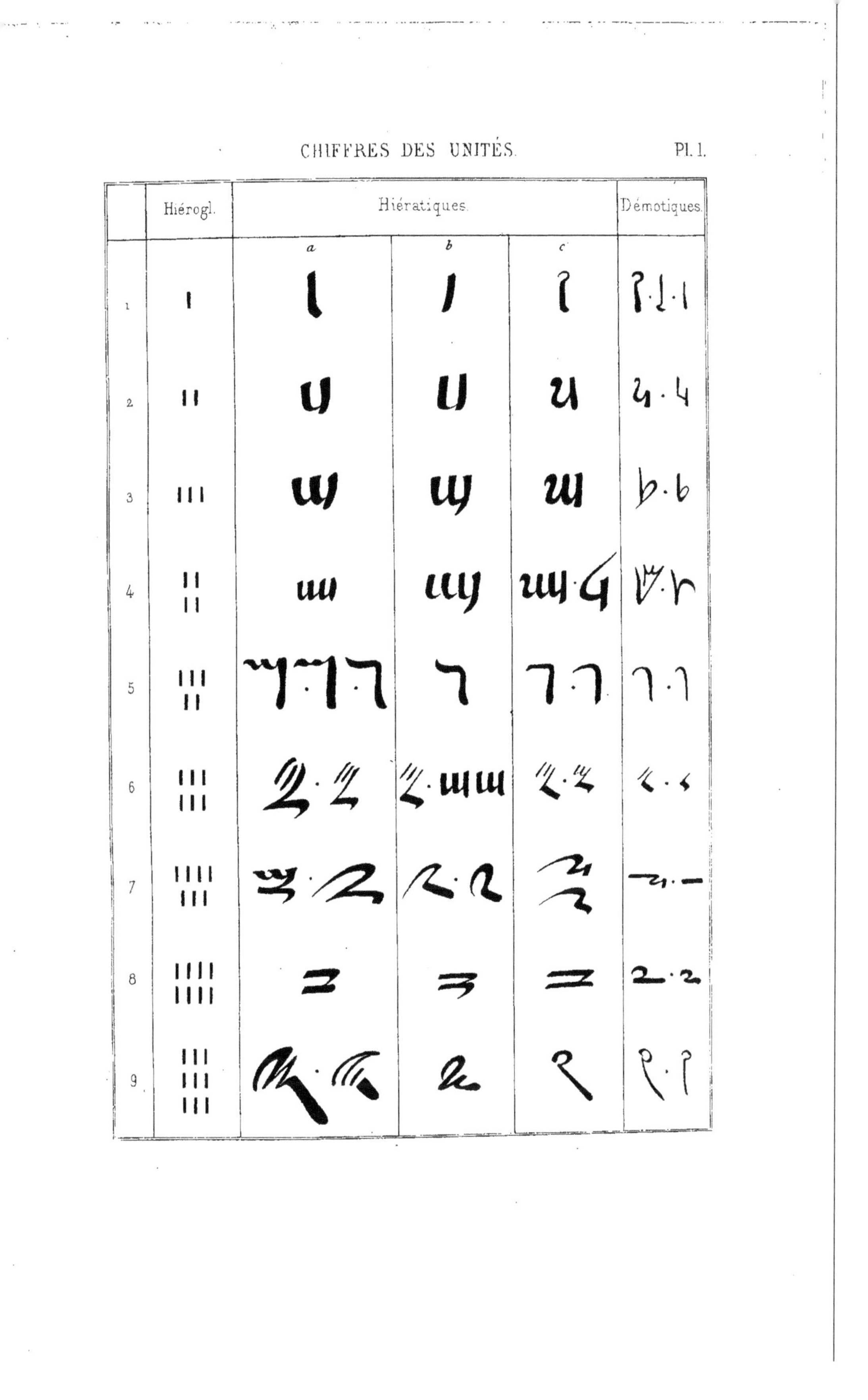

	Hiérogl.	Hiératiques.			Démotiques.
		a	b	c	
1					
2					
3					
4					
5					
6					
7					
8					
9					

CHIFFRES DES DIZAINES.

	Hiérogl.	Hiératiques. a	Hiératiques. b	Hiératiques. c	Démotiques.
10					
20					
30					
40					
50					
60					
70					
80					
90					

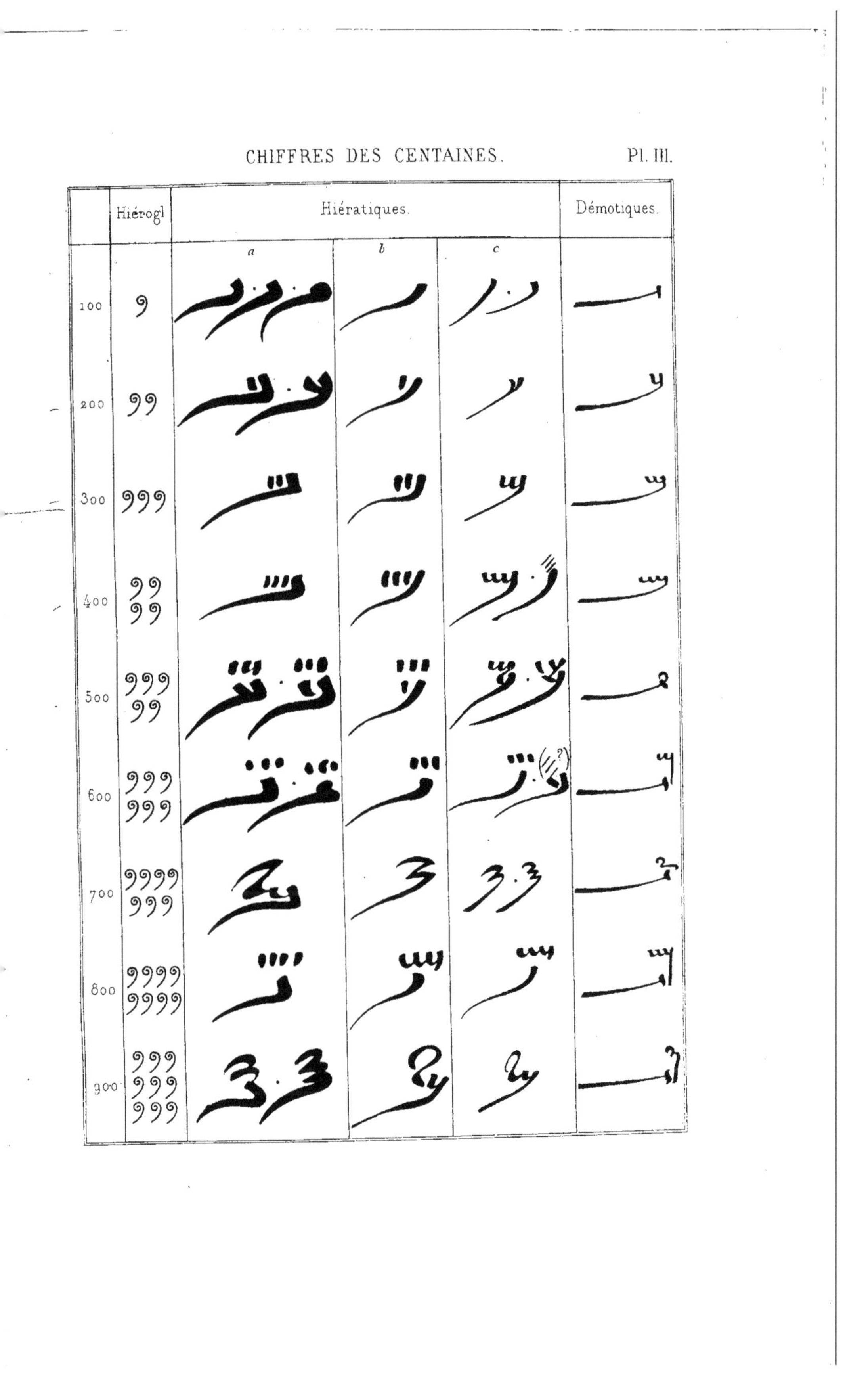

CHIFFRES DES CENTAINES.

	Hiérogl	Hiératiques.			Démotiques.
		a	b	c	
100					
200					
300					
400					
500					
600					
700					
800					
900					

CHIFFRES DES MILLE.

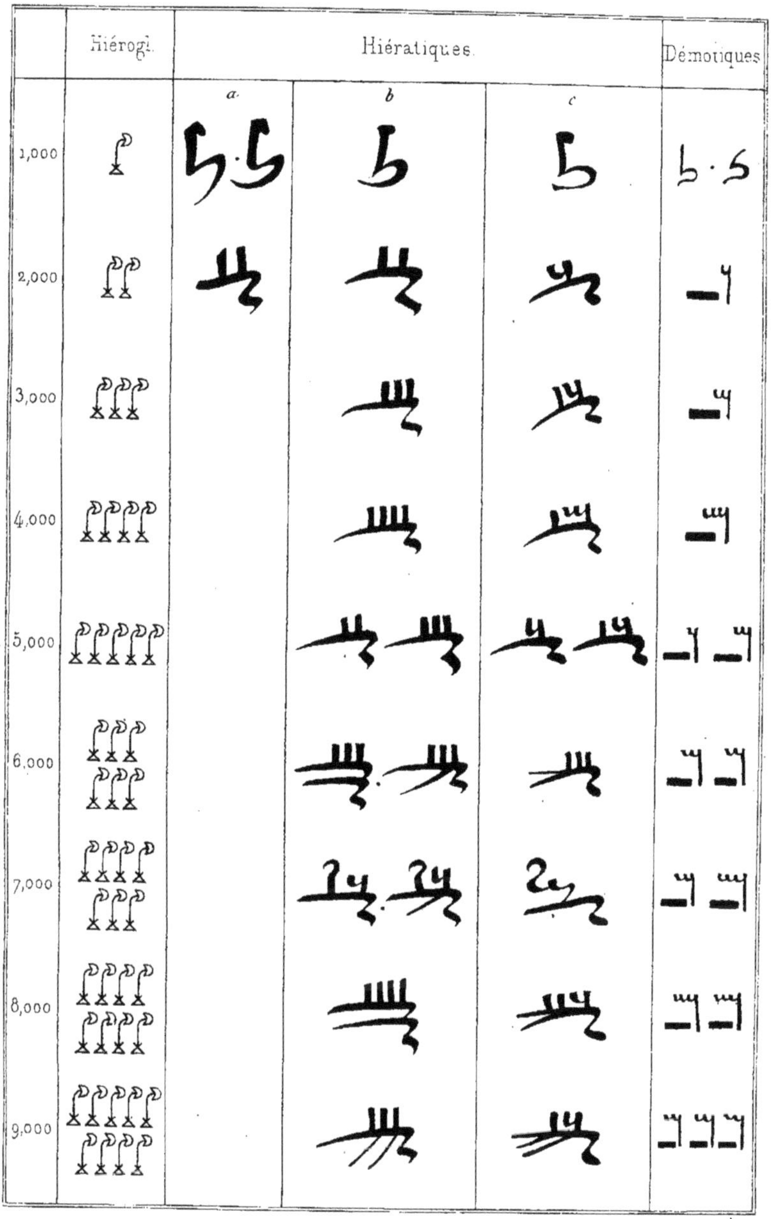

	Hiérogl.	Hiératiques.			Démotiques
		a	b	c	
1,000					
2,000					
3,000					
4,000					
5,000					
6,000					
7,000					
8,000					
9,000					

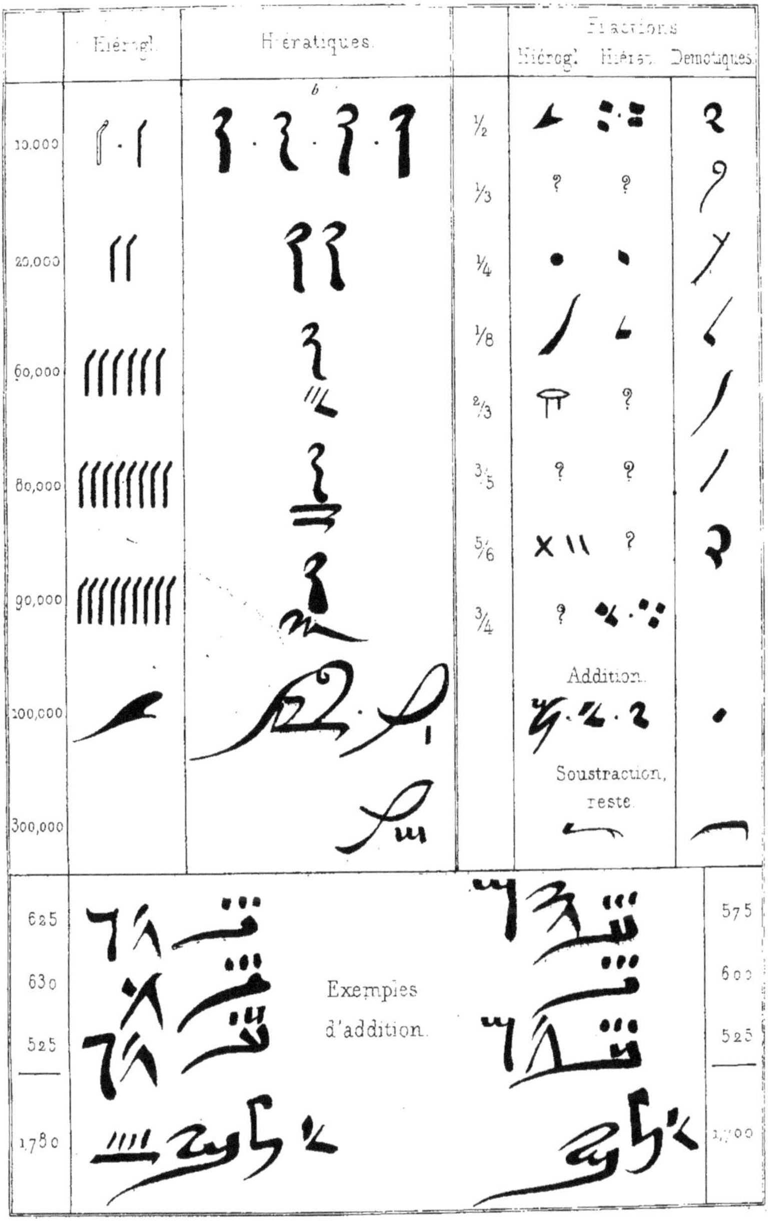

	Hiérogl.	Hiératiques.		Fractions Hiérogl.	Hiérat.	Démotiques.
10,000			½			
			⅓	?	?	
20,000			¼			
			⅛			
60,000			⅔		?	
80,000			⅗	?	?	
			⅚		?	
90,000			¾	?		
				Addition.		
100,000						
				Soustraction, reste.		
300,000						

	Exemples d'addition.	
625		575
630		600
525		525
1,780		1,700

de trois unités et que la barre inférieure en représente quatre. C'est la même expression du 4 répétée qui forme le chiffre 8; mais le 9 a une physionomie particulière, il nous paraît le produit du chiffre 7 augmenté de deux unités. Les abréviations successives l'ont singulièrement changé et l'ont amené à une forme très-voisine de notre 9.

Les trois premières dizaines se sont formées de la même manière; on voit clairement la forme cursive du ∩ 10 s'augmenter d'une et de deux unités, d'abord séparées de lui et qu'un tracé plus cursif a bientôt soudées à la dizaine[1], pour former les chiffres 20 et 30. Les premières formes des chiffres 50 et 70 laissent également reconnaître l'accouplement du 5 et du 7 hiératique avec le ∩ de la dizaine. Pour 60 et 80, le principe est différent; la réduplication de trois dizaines pour 60 et de quatre dizaines pour 80 est indiquée par la barre inférieure; c'est ce que rend évident la composition du chiffre 90 où les deux traits inférieurs remplacent manifestement deux rangées de trois dizaines.

Le signe des centaines est le tracé cursif ordinaire de ⅁, un peu allongé; il sert de support aux unités qu'on y place jusqu'à 500[2]; 600 et 800 sont composés dans le même esprit que 60 et 80, c'est-à-dire qu'on y indique la réduplication par la position même des unités. On ne peut jamais les confondre avec 300 et 400, mais on pourrait, à certains endroits, hésiter entre 500 et 600, parce que la pose du calame a quelquefois donné au trait inférieur de 600 un caractère douteux; toutefois un examen attentif décélera toujours l'esprit du tracé[3]. Pour 700 et 900, les chiffres 7 et 9 se sont soudés au sigle des centaines.

[1] Voyez la planche II.

[2] Voyez la planche III.

[3] Pour bien distinguer la physionomie spéciale des chiffres 500 et 600, comparez ces deux nombres, dans les deux additions reproduites planche V, d'après le papyrus de Boulaq. Le papyrus Rollin, étudié sur l'original, ne présente pas non plus de confusion entre ces deux chiffres. Comparez Pleyte, *Zeitschrift*, etc. février 1866. Le dernier modèle du chiffre 600 est donné dans notre planche III d'après

Le support des multiples de 1,000 est probablement un abrégé du mille hiératique[1]; 5,000 s'écrivait par 3,000 et 2,000. Nous retrouvons encore une fois l'indice de la duplication pour 6,000 et 8,000. 7,000 semble écrit par 5 et 2 sur 1,000; 9,000 est obtenu par la triplication de 3,000.

Pour les myriades, on employait un système contraire, les unités s'écrivaient au-dessous du chiffre 10,000. Il en est de même pour 100,000 et ses multiples[2].

238. Les nombres ordinaux[3] s'expriment en copte par l'addition du préfixe ⲙⲉϩ; l'égyptien possédait la même locution. Ainsi le troisième, le dixième, etc. s'écrivaient *meḥ χemet*, *meḥ met*, etc. L'inscription de Rosette se sert de la progression *meḥ uà*, *meḥ sen*, *meḥ χemet* pour désigner les temples du premier, du deuxième et du troisième ordre. Cette particule *meḥ* se mettait quelquefois avant le substantif dénombré; ainsi, *meḥ hru χemet* signifie «le troisième jour.»

Il y avait des termes spéciaux pour le premier et le deuxième : *tepi*[4], variante graphique, signifie «le premier.» On trouve aussi *ḥati* dans le sens de «celui qui marche le premier ou le chef.» Le copte ϩⲟⲩⲉⲓⲧ «primus» en tire son origine. Le second se disait quelquefois *nem;* on le trouve surtout comme

Champollion; mais nous n'en avons pas trouvé d'exemple certain, et nous pensons qu'il peut y avoir eu là une confusion avec un chiffre 500 dont les unités sont liées entre elles, ce qu'on observe fréquemment.

[1] Voyez la planche IV.

[2] Voyez la pl. V. Champollion donne de très-bons exemples de chiffres et de nombres hiératiques dans la *Grammaire égyptienne*, n° 196. On en trouvera aussi de nombreux spécimens dans les papyrus Rollin publiés par M. Pleyte. Champollion indique encore au n° 197 de sa *Grammaire* des combinaisons de chiffres élevés dont il ne cite pas d'exemples et que nous n'avons pas rencontrées dans les manuscrits. La véritable expression pour les multiples de 100,000 a été donnée par M. Devéria. (Voyez *Revue archéologique*, 1862, t. II, p. 253 et suiv.)

[3] Voy. Champollion, *Gramm.* n° 198.

[4] M. Brugsch a rendu très-probablement la lecture *tep* pour la tête dans le sens de «premier;» cependant le copte a aussi ϩⲟⲩⲉ «primus.» *χent* a parfois le même sens. (V. Brugsch, *Dict.* p. 1108.)

adverbe « iterum. » Le copte possède encore ⲛⲉⲙ « etiam, » ⲉϥⲛⲉⲙ « sodalis, socius. »

Le nombre ordinal était également noté par la finale (fém. [1]). On ne voit pas clairement si le vase joue ici un rôle phonétique[2]; ce n'est donc que sous toutes réserves de preuves ultérieures que nous transcrivons *sen-nu* « deuxième, » *χemet-nu* « troisième, » etc. Cette forme est très-ancienne, et ainsi écrit donne lieu à diverses locutions, telles que *ȧn sen-nu-f* « celui qui n'a pas son second, incomparable; » *ḥer sen-nu-s* « pour le second de cela, » c'est-à-dire : « en récompense de cela[3]. »

DES FRACTIONS.

239. Les fractions d'un ordre quelconque pouvaient être écrites en traçant le dénominateur au-dessous de la lettre, qui signifie alors *re* « partie; » le copte ⲣⲉ a la même fonction[4]. C'est ainsi que est 1/5, 1/10, 1/40; on pouvait arriver par cette méthode à des divisions minimes, mais, dans l'usage ordinaire, chaque genre d'unités avait son système de divisions et leurs fractions se suivaient dans une progression régulièrement descendante. Une autre particularité de la méthode égyptienne consistait à n'employer d'autre numérateur que l'unité. Cette règle ne souffre qu'un très-petit nombre d'exceptions; ainsi la fraction 2/3 est figurée par le chiffre (quelquefois). M. Brugsch a aussi trouvé des sigles démotiques pour 2/3, 3/5 et 5/6[5], et le même savant a signalé le groupe × \\ équivalant aux 5/6 du poids *ket*; mais ces derniers exemples sont tous des basses époques.

[1] Voy. Champollion, *Gramm.* n° 201.

[2] M. Pleyte, *Zeitschrift*, etc. mars 1868, observe en effet que *meḥ-t* est un des noms du vase.

[3] Inscription d'*Ahmès*, fils d'*Abna*.

[4] Voy. Champollion, *Gramm.* n° 202.

[5] Voyez, sur la planche V, les signes des fractions dans les trois écritures égyptiennes.

Le signe [hiéroglyphe] « 2/3 » se trouve plus anciennement, ainsi que le groupe [hiéroglyphe] ou [hiéroglyphe] seul pour « la moitié. »

[hiéroglyphes]

àu tu ta-ḥufu ma en na beti.

La vermine emporte la moitié des grains[1],

dit l'écrivain du papyrus Sallier n° 1, en dépeignant les souffrances du cultivateur.

240. Les registres de comptabilité ne divisent ordinairement la mesure de grains qu'en quatre fractions. Des points isolés représentent • un quart, : la moitié et ∴ les trois quarts; un tracé plus rapide joint souvent ces points et en fait des sortes de chiffres[2]; on y rencontre aussi, mais rarement, le sigle [hiéroglyphe] inférieur à 1/4 et valant probablement 1/8. Mais dans les offrandes dont la quotité était minutieusement réglée, les fractions de la mesure de capacité [hiéroglyphe] *àpt* deviennent très-nombreuses et descendent à de minimes quantités.

M. Dümichen a publié en entier le grand tableau des redevances pour toute l'année qui occupe une grande partie de la muraille extérieure au sud de Médinet-abu[3]; les fractions de la mesure [hiéroglyphe] *àpt* y sont indiquées dans l'ordre suivant : [hiéroglyphe] ou [hiéroglyphe] ont la même valeur que [hiéroglyphe] la moitié; • ou [hiéroglyphe] valent un quart; [hiéroglyphe] est 1/8, [hiéroglyphe] 1/16 et [hiéroglyphe] ou [hiéroglyphe] 1/32. Les textes sont malheureusement frustes et les calculs paraissent quelquefois inexacts[4]. Malgré tout le soin avec lequel nous avons étudié cette muraille, nous n'avons pu trouver de preuves pour les valeurs suivantes, que nous ne proposons que sous toutes réserves :

[hiéroglyphe] = 1/64, [hiéroglyphe] = 1/128, [hiéroglyphe] = 1/256, [hiéroglyphe] = 1/512.

[1] *Papyrus Sallier,* I, p. 6, 3.

[2] Voy. la planche V. Comparez Champollion, *Grammaire,* n° 202. L'unité employée par les comptables étant ordinairement le *ṭena,* les quarts sont des *àpt* ou « boisseaux. » (Voyez ci-après, n° 244.)

[3] Voyez Dümichen, *Tempel-Inschriften,* pl. 1 à 26.

[4] Comparez Pleyte, *Papyrus Rollin,* p. 39.

Ces séries sont encore compliquées quelquefois par l'introduction du signe et des combinaisons , et seul, dont le rôle ne nous est pas expliqué [1]. Enfin on y rencontre aussi des groupes qui semblent devoir s'interpréter par des fractions de fractions.

Les recettes pour la composition des parfums sacrés sont aussi très-riches en fractions; mais, sauf les exceptions déjà notées ci-dessus, elles s'écrivent par au-dessus d'un dénominateur, le numérateur étant supposé l'unité. Les fractions carrées avaient une expression spéciale que nous étudierons avec les mesures agraires.

MESURES DIVERSES.

POIDS, LONGUEURS, SURFACES, CAPACITÉS.

241. Les poids officiels des pharaons étaient l'anneau de métal ou et ses subdivisions. L'anneau est ordinairement écrit par le groupe dont les variantes , *tenu* donnent la prononciation [2]. M. Chabas a prouvé que ce poids contenait dix unités inférieures nommées *keṭ*, mot qui rappelle le copte ⲧ-ⲕⲓⲧⲉ « drachma. » Les pesées ont donné au même savant le poids moyen de 9,1 grammes pour le *keṭ*. L'énumération des fractions du *keṭ* a fait penser à M. Lepsius qu'on le divisait en 360 parties, dont chacune équivaudrait à 0g,025 environ. Quant au *ten*, il pesait à peu près 91 grammes. Tels sont les poids avec

[1] Comparez l'explication donnée par M. Goodwin du groupe *ubaro-u* qui remplace *et cetera* et qui semble signifier mot à mot « en traversant les (autres) parties. » (Voy. *Zeitschrift*, etc. août 1868, et Brugsch, *Dict.* p. 960.) Les signes et sont ici tracés en sens inverse de celui du monument, où l'écriture commence à droite.

[2] Voyez Dümichen, *Kyphi Texte*, et Pleyte, *Papyrus Rollin*, passim. (Comparez le même groupe abrégé. *Papyrus Harris*, p. 16.)

lesquels on évaluait les matières précieuses enlevées comme butin ou reçues en tributs par les pharaons [1]. Les étalons étaient vérifiés au trésor royal [2].

Les Égyptiens avaient des poids d'une valeur beaucoup plus élevée : on aperçoit dans les plateaux de la balance les figures de divers animaux tels que le taureau ou l'hippopotame; ces étalons étaient probablement en pierres dures et pesantes comme les exemplaires des multiples du *keṭ* que possèdent les musées.

242. La coudée royale paraît être la mesure officielle de longueur; les exemplaires les mieux conservés lui donnent 525 millimètres [3].

La coudée royale [hiéroglyphes] *suten maḥi* comprenait 28 doigts composant 7 palmes. La petite coudée [hiéroglyphes] *maḥi nets* n'avait que 6 palmes ou 24 doigts; voici le tableau des divisions gravées sur la coudée royale :

1° La coudée royale [hiéroglyphes]	...... égale à 28 doigts	= 0m,525.
2° (Le Pygôn?). [hiéroglyphe] *remen* [4]		20
3° Le ... ? [hiéroglyphe] *teser*		16
4° La grande spithame [hiéroglyphes] [5] ...... ?		14
5° La petite spithame [hiéroglyphes] ..... ?		12
6° Le Dichas [hiéroglyphes] .... ?		8
7° Le poing fermé [hiéroglyphe] .... ?		5

[1] Voyez Campagnes de *Tutmes III;* on y rencontre par exemple comme tribut annuel de la nation éthiopienne de [hiéroglyphes] *Uaua* [hiéroglyphes] «2,374 *ten* et un *keṭ* d'or,» c'est-à-dire la quantité assez considérable de 216 kilogrammes et 43 grammes.

[2] L'étalon qui a servi de point de départ aux calculs de M. Chabas porte pour inscription : «cinq *keṭ* du trésor d'Héliopolis.» (Voy. Chabas, Note sur un poids égyptien, *Revue archéologique,* 1861.)

[3] Voyez Lepsius, *Ueber die ægyptische Elle,* etc. Berlin, 1865, et *Zeitschrift,* etc. décembre 1865.

[4] Suivant la remarque de M. Lepsius, la patte d'oiseau répond ici au groupe [hiéroglyphes] *remen* «le haut du bras.»

[5] La prononciation de la patte d'oiseau ne nous paraît pas encore bien déterminée.

8° La main . . . . 5 doigts.
9° Le palme *šep* 4
10° Le doigt *ṭeb* 1

On employait aussi des fractions du doigt, telles que un demi-doigt, un tiers de doigt, et même un seizième de doigt.

Le palme, mesure très-usuelle, s'écrivait aussi phonétiquement par *šep*, en copte ϣⲟⲡ «palmus,» et par, qui vaut ordinairement *sep*[1].

On rencontre dans les textes d'autres mesures de longueur; la canne avait deux variétés, en relation probable avec la grande et la petite coudée. Deux noms de cette mesure, *uar* et *nab*, ont été rencontrés par M. Brugsch[2], qui a également indiqué une mesure itinéraire nommée *ātur*.

243. L'inondation annuelle rendait les mesures agraires plus nécessaires dans la vallée du Nil que partout ailleurs. Nous trouvons dans les anciens textes le *ṭena*, mesure probablement en rapport avec la surface nécessaire pour produire un *ṭena* de froment. Une autre mesure très-ancienne s'écrivait par le groupe *sat*. Les tombeaux memphites offrent, pour ce mot, de nombreuses figures toutes composées par la réunion des trois signes. Nous pensons que c'est la même mesure que le *sata* qui sert d'unité dans les calculs de la grande inscription statistique d'Edfou[3]. On ren-

[1] M. Lepsius croit qu'il y avait deux systèmes de divisions, de grands et de petits doigts, etc. nos coudées ne portent pas ces doubles divisions.

[2] Voyez Brugsch, *Dictionnaire*, p. 333 et 322. M. Lepsius pense que cette canne ou perche est égale à l'orgyie de six pieds. (Voy. *Zeitschrift*, etc. p. 97, 1865; comp. Brugsch, *Dict.* p. 1051.)

[3] Voyez Lepsius, *Ueber eine hieroglyphische Inschrift am Tempel von Edfu*, Berlin, 1855. On trouve, à la première ligne de la planche III, la description d'une pièce de terre contenant «100 *Sata* de *ma-t* ou terre basse.» Le premier morceau donne 98 unités plus 1/2 1/4; on y ajoute une parcelle de 1/2 à l'orient, plus une parcelle de 1/2 1/4 à l'occident. Le texte réunit ces deux parcelles par les mots *er*

contre encore la mesure nommée *år*, que M. Brugsch regarde comme équivalant au schœne. Quant à cette célèbre mesure agraire, σχοῖνος, en copte ϣⲉⲛⲛⲟϩ, elle n'apparaît sous ce nom qu'à l'époque des Ptolémées. L'inscription d'Edfou[1] décrit un domaine de 70 *sata* 1/2, 1/8 et 1/16, et elle ajoute *nti år χennuḥ sefeχ*, ce qui fait sept schœnes; si l'on a négligé les fractions, le schœne aura contenu 10 *sata*.

Les fractions carrées qui correspondent à cette mesure ont pour expression les groupes suivants : (*remen?*) « 1/2, » *ḥesep* « 1/4, » (*sa?*) « 1/8, » *su* « 1/16 » et *rema* « 1/32[2]. » Ces fractions toutes spéciales représentent peut-être des noms propres, comme nos anciennes dénominations de boisselées, perches, etc. plutôt que des fractions proprement dites. Telle est l'idée qu'inspire naturellement cette série de noms distincts pour chaque fraction de la mesure.

244. Parmi les mesures de capacité, le vase nommé *hen* occupe une place moyenne. M. Chabas ayant remarqué que les textes donnaient 5 *tenu* pour le poids d'un *hen* d'eau, et 7 1/2 pour le poids d'un *hen* de miel, a tiré de ces mentions la valeur de 0^{l},455 pour la capacité du *hen*[3]. Ce résultat paraît offrir toute garantie. Le tiers du *hen* ou une coupe de la contenance de 0^{l},151 se nommait *åp-t* ou *tep-t*, ce que M. Chabas compare au

sata ḥesep « cela fait un *sata* et un quart; » puis il conclut : *er ša* « cela fait 100 (*sata*). » M. Lepsius, n'ayant pas reconnu l'unité *sata*, trouve et devait trouver qu'il manquait une unité à la seconde somme pour faire ce total.

[1] Voyez Lepsius, *Ueber eine hieroglyphische Inschrift am Tempel von Edfu*, pl. V, l. 20. M. Lepsius évalue le schœne carré à 100 orgyies et à 445^{m} 20; le *sata* vaudrait donc 44^{m} 52 d'après ce calcul.

[2] De nombreux exemples tirés du monument d'Edfou enlèvent toute espèce de doute sur ces valeurs qui ont été reconnues par M. Lepsius. (Voy. l'ouvrage cité ci-dessus.)

[3] Voy. Chabas, *Détermination de la valeur de deux mesures de capacité*, etc. M. Lepsius applique à cette mesure le nom grec ἴνιον; le *hin* hébreu ne paraît pas avoir la même valeur, malgré l'identité des deux noms.

copte ⲁϥⲟⲧ « scyphus[1]. » Il faut se garder de confondre cette mesure *àp-t* avec *àpt* de l'inscription de Médinet-abu qui contenait 40 *hen*, ainsi qu'il résulte clairement de tous les calculs consignés dans cette grande liste de redevances. Cette dernière peut être justement comparée au boisseau des Coptes nommé ⲧ-ⲟⲓⲡⲉ, car, d'après les données précédentes, sa capacité était de 18 litres 20 centilitres.

Les totaux de cette même table d'offrandes font aussi ressortir la valeur du *ṭena*, égal à 4 *àpt* et qui équivaut en conséquence à 72^l^,80. C'est de cette dernière mesure que se servent les inscriptions pour compter les grandes quantités de grains reçues par le trésor royal.

Ces quatre mesures forment donc la progression suivante :

1° Le *ṭena* , ou seul, valant 4 *àpt*, 160 *hen*, 72^l^,80;

2° La *àpt* , ou seul, valant 40 *hen*, 18^l^, 20;

3° Le *hen* valant 0^l^,455;

4° La *àp-t* (ou *tep-t*) valant 1/3 du *hen* ou 0^l^,151.

Outre ces mesures principales, on rencontre une très-grande variété d'expressions particulières servant d'unités pour diverses denrées. Nous nous contenterons de citer le , variante *ṭama* ou *ṭamau*, qui paraît correspondre au sac de blé[2]. Les liqueurs se mesuraient par une quantité de vases différents, comme le *tis* et le *teb* pour la bière; mais nous ne pourrions énumérer toutes ces expressions sans sortir des limites que nous nous sommes imposées.

[1] Voyez Dümichen dans Brugsch, *Monuments*, t. IV, x, 59. La mesure appelée *ta àp*, qui devait être d'or pour la fête nommée *χebesta* « le labour, » était un tiers du *hen*, dit le texte : *àri en hen re-χemet*. La valeur double de la tête peut laisser quelque doute sur la lecture *àp-t* ou *tep-t* pour le nom de cette mesure.

[2] Voy. Pleyte, *Études*, p. 127; comp. ⲧⲟⲩⲗⲓϫⲉ « sac » ou « bourse. » Les papyrus montrent l'usage de nombreuses mesures appliquées à toutes sortes de substances.

DES CALCULS.

245. On sait peu de chose jusqu'ici sur les connaissances mathématiques que les anciens Égyptiens ont possédées. Les monuments pharaoniques que nous avons cités ne contiennent que des additions et des soustractions ou les multiplications les plus élémentaires[1].

Dans les additions, les nombres sont énoncés l'un après l'autre; la somme est précédée par le mot *temet* (comparez ⲧⲱⲙ. « conjungere »), qui signifie « réunir. » Les variantes et sont usuelles. Dans les registres hiératiques, les totaux sont ordinairement énoncés par le sigle hiératique pour tout seul[2]. Pour la réunion de plusieurs sommes partielles on se sert parfois de l'adverbe *sam* « ensemble. » Voici un exemple d'addition de nombres entiers et fractionnaires, tiré de la liste des offrandes du temple de Médinet-abu[3] :

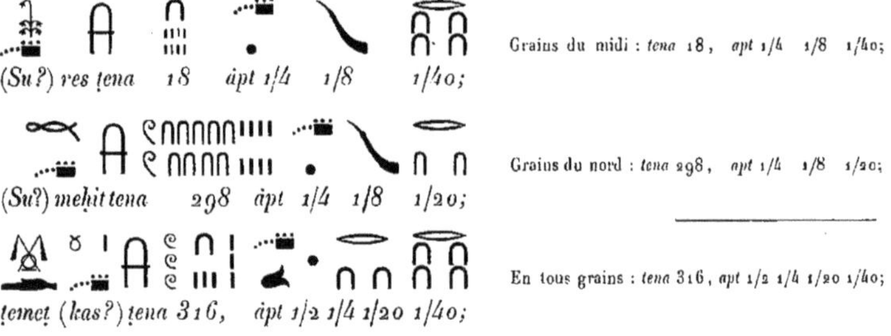

Le 1/40 de l'*âpt* étant précisément le *hen*, la somme peut se traduire par 316 *ṭena* et 33 *hen*.

[1] L'annonce d'un papyrus contenant un traité de géométrie que vient d'acquérir le British Museum est de nature à exciter la plus vive curiosité et à fixer nos idées sur bien des points, surtout si le manuscrit appartient aux âges pharaoniques.

[2] Voyez ces sigles sur la planche V; à l'époque ptolémaïque est remplacé par et ses variantes.

[3] Voy. Dümichen, *Tempelinschriften*, pl. XX, l. 19. Nos notes de voyage vérifient la parfaite exactitude de ces lignes.

Dans le même monument, les offrandes à recevoir chaque jour amènent une multiplication par 365 pour obtenir le total de l'année; on l'indique par les mots [hiéroglyphes] *àri en renpe-t hru tiu* « ce qui fait pour l'année et les cinq jours (épagomènes[1]). »

Les registres de comptabilité offrent aussi quelques multiplications de ce genre, mais surtout des additions et des soustractions. Nous donnerons un exemple qui fera comprendre la marche de ces comptes. Dans le registre du Louvre, écrit au temps de Séti Ier, le comptable, établissant sa balance au 29 Mésori de l'an 32, détaille d'abord ce qu'il a dépensé en distributions, [hiéroglyphes] *er-ṭau-nef* « il a donné. » Il trouve une somme de 2,036 *ṭena* et un quart. Il énumère ensuite ce qu'il a reçu en deux espèces de denrées; la somme s'élève à 2,028; il conclut ainsi : [hiéroglyphes] *ṭa-tu* 8 1/4; c'est-à-dire « pour balance » ou « excédant » à son profit, 8 1/4; c'est la somme dont il se trouve en avance d'après cette portion des comptes. Les mots [hiéroglyphes] *sep-t em tut-f* ou [hiéroglyphes] *un em (tut?) f* « il reste dans sa main » ou bien « existant dans sa main » annoncent au contraire l'excédant de la recette sur la dépense.

L'addition suivante donne un exemple de la fraction [hiéroglyphe] inférieure à 1/4 et valant probablement 1/8 :

[hiéroglyphes]	c'est-à-dire : *tena*	174 1/4 (1/8?)
et [hiéroglyphes]	et	14 1/4
[hiéroglyphes]	en tout	188 2/4 (1/8?)

246. Le calcul[2] de l'aire des pièces de terre énumérées dans

[1] D'autres offrandes à faire deux fois par mois amènent une multiplication par 24 seulement.

[2] Les mots pour « calculer » sont communs à l'égyptien et aux langues sémitiques; [hiéroglyphes] *ḥeseb* « compter, calculer » est identique avec חשב et حسب ; [hiéroglyphes] *χabar*, dont se sert l'inscription d'Edfou pour la réunion des sommes partielles, est le même que le radical חבר « junxit. »

l'inscription statistique des domaines sacrés du temple d'Edfou s'établit ainsi pour un quadrilatère :

20 à 20, 4 à 4 font 80 [1].

Il s'agit d'un rectangle [2]; aucun mot n'indique la marche de l'opération, on voit bien qu'on réunit les côtés opposés, mais rien ne dit qu'on doive en prendre la moyenne, ni qu'on doive faire la multiplication, comme le prouve le résultat. La méthode est supposée connue; il en est de même quand on doit prendre une perpendiculaire pour élément au lieu d'un côté, on se contente de donner les dimensions qui forment les éléments du calcul. Le triangle se calcule comme un quadrilatère, seulement on remplace par ou «zéro» le côté qui manque; exemple :

Zéro à deux, trois à trois, font trois *sata*.

Il est évident que 2 représente la base et 3 la perpendiculaire; si le triangle n'est pas rectangle, on laisse les côtés sans en rien dire, la méthode est supposée connue.

Il devait arriver souvent que les lignes extrêmes n'étaient pas régulières ou que certaines parties étaient improductives; on complète alors l'arpentage par de légères additions ou soustractions probablement faites à vue d'œil.

Nous avons déjà cité la pièce comprenant 100 *sata* [3]; après le morceau principal, qui contenait 98 1/2 1/4, le texte ajoute:

[1] Les deux premiers sont la préposition *er* «à, vers» et le troisième est le verbe *er* «faire;» il est souvent écrit *āri* sous sa forme pleine, quand il amène ainsi le produit d'une opération arithmétique quelconque.

[2] D'après un extrait du Papyrus de Londres qui nous a été communiqué par M. Lenormant, le quadrilatère se nommait *āfte* et le triangle *supt;* l'aire à calculer se disait *aḥ-t*.

[3] Voyez Lepsius, *Ueber eine hieroglyphische Inschrift*, etc. pl. III, l. 1 et 2. (Voy. ci-dessus, p. 121, note 3.)

per en àbet 1/2 « excédant à l'orient 1/2, »

per en àment 1/2 1/4 « excédant à l'occident 1/2 1/4, »

er sata ḥesep « ce qui fait 1 *sata* 1/4; »

Puis il conclut : *er ša (sata)* « ce qui fait (en tout) 100 *sata*.

Dans le cas contraire, quand on voulait retrancher des parcelles improductives, ou peut-être lorsqu'une sinuosité de la limite diminuait réellement l'aire du champ, on faisait une soustraction. La portion à retrancher est indiquée dans les diverses sortes de calculs par des phrases assez variées; ici on se sert des deux mots *šu* et *χen*. Le premier ou signifie dans le discours « exempt de, privé de, » il se rapporte au copte ϣⲟⲩⲱ « exinanire, » d'où ϣⲟⲩⲉⲓⲧ « vacuus [1]. » Il peut donc convenablement indiquer des « vides » ou des portions à retrancher du total.

Le mot *χen* est écrit par les trois variantes , et ; à en juger par le déterminatif , ce devraient être des flaques d'eau à retrancher du sol productif. Le reste est toujours amené par le signe qu'on doit peut-être prononcer ici *sep* [2]. Nous citerons pour exemples la soustraction qui suit la description d'une pièce de 202 *sata* 1/2 :

àpes χen sen-t 1/2 *(sep?) šeta.*

Évaluation (des mares?) deux unités et 1/2, reste 200.

[1] Le terme *ša* (*Ibid.* pl. III, l. 18) n'est probablement pas une simple variante; ce mot ainsi écrit signifie ordinairement « le sable, » copte ϣⲟ « arena. » Dans l'endroit indiqué, on retranche sept *sata* qualifiés *šā en ḥair.* La quantité est trop forte pour une simple sinuosité de la ligne terminale; nous proposerions de traduire ici *šā en ḥair* par « sables mouvants, » *ḥair* étant comparé à ϩⲱⲗ « volare. » Il serait naturel de les voir retranchés du morceau dans lequel ils se seraient trouvés.

[2] *Sep* est le mot signifiant « reste; » cependant a surtout la valeur phonétique de *er-men*, qu'on pourrait traduire « il reste; » des variantes seraient nécessaires pour trancher cette question. Il

Et celle qui suit un autre domaine de 104 *sata* 1/2 et 1/8 :

âpes *šuu* *ftu* (*sata*) 1/2 1/8 (*sep*) *ša sata.*

Évaluation des parties (stériles ou manquantes?) quatre *sata*, une demie et un huitième, reste 100 *sata*[1].

247. En terminant ce paragraphe sur la mesure des surfaces, nous dirons un mot d'une méthode très-naïve qui a été employée pour exprimer graphiquement le contenu des domaines; on remarque sur un monument de la XXe dynastie[2] plusieurs champs ainsi figurés : .

Après la description de ces pièces de terre, on lit la phrase suivante :

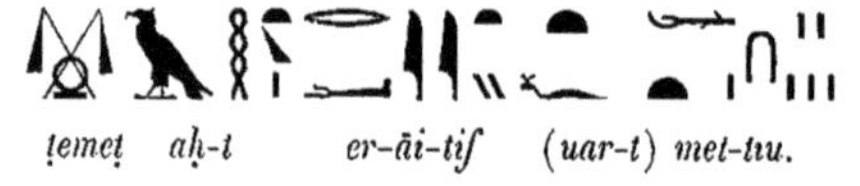

ṭemeṭ *aḥ-t* *er-ãi-tif* (*uar-t*) *met-tu.*

Total des champs qu'il a donnés, 15 mesures .

On voit, d'une part, que la mesure de longueur (*uar-t?*) correspondait à une mesure carrée[3], et, de l'autre, que le nombre de ces mesures était indiqué par les coches dessinées sur chaque pièce, car on y compte le total de 15 (unités).

NOTATION DU TEMPS.

248. Le calendrier égyptien a donné lieu à de très-grands travaux, et, néanmoins, les points les plus intéressants du comput égyptien sont encore pleins de mystères. Il nous suffira de retracer ici l'ex-

faut soigneusement distinguer ce seul de avec le déterminatif des localités, qui vaut un demi-*sata*.

[1] Nous ne connaissons pas encore d'exemples d'autres opérations, mais la publication du papyrus du Musée britannique changera l'état de la science à cet égard.

[2] Voyez Lepsius, *Denkmäler*, III, 229.

[3] L'orgyie, suivant M. Lepsius.

pression des principales divisions du temps. Le « jour » *heru*, en copte ϩⲟⲟⲩ, était partagé en douze heures, *unu-t*, en copte ⲧ-ⲟⲩⲛⲟⲩ « hora. » La « nuit » *kerah*, copte sahidique ϭⲱⲣϩ, avait la même division; chacune de ces vingt-quatre heures avait son nom mystique, outre son chiffre ordinal[1].

Le mois avait invariablement 30 jours; son nom ou simplement , , se lit *ȧbet*, en copte ⲉⲃⲟⲧ « mensis[2]. » Le croissant qui domine la composition du mot prouve que le mois était originairement lunaire; mais son caractère astronomique l'abandonne dans l'année civile, où l'on a régularisé sa valeur au chiffre fixe de 30 jours. Quatre mois composaient une saison *tar;* les trois saisons augmentées de cinq jours complémentaires formaient l'année civile *renpe-t*. La première saison ou *tétraménie* se nommait *ša*, elle correspondait à l'inondation; la seconde *per* était l'époque des semailles et la troisième *šemu* celle des moissons[3]. Mais ces dénominations, certainement empruntées à la nature dans l'origine, n'avaient plus de sens actuel dans l'année civile, car cette année se composant invariable-

[1] Les travaux successifs de M. Brugsch ont complété et rectifié sur tous ces points le beau mémoire de Champollion sur la *Notation du temps*. On y trouvera tous les noms des personnages mystiques qui président aux heures et aux jours du mois, ainsi que les féries spéciales de chaque quantième du mois.

[2] Pour la valeur *ȧb* du disque lunaire, voyez Brugsch, *Dictionnaire*, p. 37. Le caractère primitivement lunaire du mois ressort également de tous les textes qui concernent ses parties et qui le montrent suivant les phases de la lune.

[3] C'est ce qui résulte du tableau des travaux agricoles du tombeau de *Peḥeri* à El-Kab, où la saison des semailles est appelée *ȧteru pere* et celle des moissons *ȧteru šemu;* le sens de « moissons » est d'ailleurs incontestablement dans les textes celui qui convient seul pour le groupe *šemu*, avec le signe des grains. C'est à M. Brugsch qu'on doit la définition du véritable sens des trois saisons, qui avait échappé à Champollion. Ce même savant a fait remarquer que les Coptes se sont servis de ⲡⲣⲱ pour « l'hiver » et de ϣⲱⲙ pour « l'été; » les tétraménies *pre* et *šemu* ne pouvaient toutefois correspondre qu'à peu près à deux saisons de trois mois chacune et tirées d'un autre système de division de l'année, emprunté aux Grecs et comprenant quatre saisons au lieu des trois divisions égyptiennes.

ment de 365 jours, sans admettre aucune intercalation, retardait d'environ un jour en quatre ans sur la marche naturelle de l'année solaire. Une année civile aussi imparfaite ne pouvait servir pour guider la marche des travaux agricoles, mais le Nil y suppléait dans la pratique par la régularité parfaite du retour périodique de son débordement.

249. Les Égyptiens avaient d'ailleurs trouvé un point de repère suffisamment exact pour guider une année fixe agricole pendant une longue série de temps; ils avaient remarqué que le lever héliaque de Sirius, qu'ils appelaient [hiéroglyphes] *supti* « le triangle, » revenait exactement près du début de l'inondation. Cet astre, dédié à Isis, fut censé inaugurer l'année naturelle en annonçant le retour du flot bienfaisant. L'année sothiaque, produite par le retour du lever héliaque, étant sensiblement égale à l'année solaire, dut paraître pendant longtemps d'une exactitude très-suffisante, et ce ne fut qu'après bien des siècles que le retour du Nil, enchaîné par la nature non pas à Sothis, mais bien au solstice d'été, dut déceler aux yeux attentifs des prêtres égyptiens une légère différence de marche entre les deux phénomènes. Quoi qu'il en soit, l'année civile de 365 jours, ou « année vague, » retardait nécessairement d'un jour en quatre ans sur l'année sothiaque, par l'accumulation des différences annuelles, égales à un quart de jour : son premier jour parcourait ainsi tous les jours de cette année en 1460 ans. C'est ce que les astronomes ont nommé *la période sothiaque*. On sait par le témoignage du décret de Canopus que les Égyptiens notaient réellement le jour de leur année civile où tombait le retour du lever héliaque de Sothis, phénomène qui est indiqué sur les monuments par les groupes suivants : [hiéroglyphes] *pere supt*, « sortie ou apparition de Sothis » et qui donnait lieu à une fête importante.

Les Égyptiens avaient encore d'autres cycles dont la valeur numérale ou la signification sont inconnues jusqu'ici. L'inscription de

Rosette parle d'un cycle de trente ans qui s'écrivait par le caractère . Il existait également une longue période nommée *ḥen-ti,* mais on ne connaît pas encore sa valeur numérique[1].

250. Le tableau suivant montrera l'ordre des mois égyptiens et leur correspondance avec les mois des Coptes[2] :

PREMIÈRE SAISON.

1er mois, Thoth; 2e mois, Paophi; 3e mois, Athyr; 4e mois, Choiak;

DEUXIÈME SAISON.

1er mois, Tybi; 2e mois, Méchir; 3e mois, Phamenot; 4e mois, Pharmuti;

TROISIÈME SAISON.

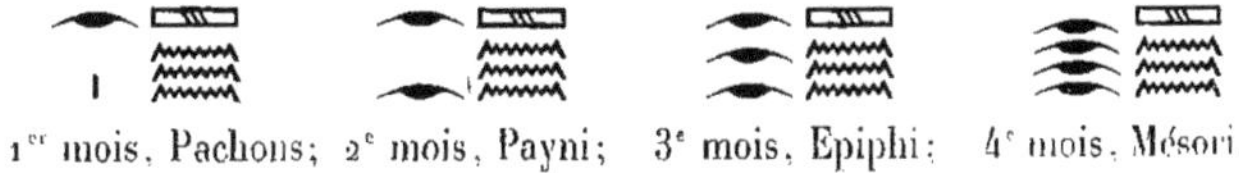

1er mois, Pachons; 2e mois, Payni; 3e mois, Epiphi; 4e mois, Mésori.

Les cinq jours complémentaires s'écrivaient ainsi[3] :

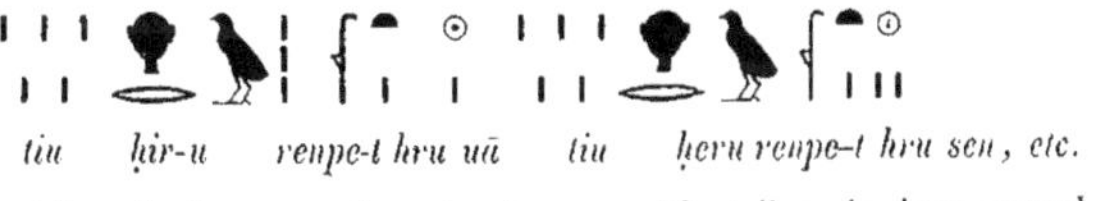

tiu *ḥir-u* *renpe-t hru uā* *tiu* *ḥeru renpe-t hru sen, etc.*

Cinq jours excédant l'année, jour premier; cinq jours excédant l'année, jour second, etc.

[1] On peut seulement présumer par son emploi dans le résumé des règnes mythologiques, au premier fragment du Papyrus de Turin, que cette période dépasse des milliers d'années.

[2] Les variantes sont nombreuses dans l'orthographe de ces groupes; tantôt on remplace les croissants multipliés par des chiffres, comme pour « troisième mois; » tantôt on ajoute au nom de la saison qui détermine le temps et ses divisions; s'abrége en et en ; pour , M. Brugsch a signalé la variante rare et importante avec le signe de l'eau.

[3] Telle est l'orthographe que nous

On les désignait aussi par la fête des cinq enfants de *Seb* et de *Nu*, nés dans chacun de ces jours.

251. Les jours du mois étaient aussi quelquefois indiqués par leurs féries spéciales dont M. Brugsch a publié la liste; mais ce qu'il y a de plus remarquable dans leur appellation ordinaire, c'est que leur numération s'effectue dans les écritures cursives par des signes d'un système tout différent de celui des autres chiffres. Ces figures sont en usage dès une très-ancienne époque, sans qu'on ait pu trouver la cause de cette anomalie. Le tableau ci-joint réunit les formes hiératiques et démotiques pour les trente jours du mois[1].

Les dates publiques sont toujours exprimées dans l'année dont nous venons de donner la notation détaillée; elles se réfèrent uniquement à l'année du pharaon régnant et ne rappellent aucune ère fixe[2].

252. A côté de cette année civile vague l'année naturelle avait aussi ses fêtes, telles que celle du lever de Sothis et celles qui se rattachaient à l'inondation. Sothis était d'ailleurs considéré comme la reine de trente-six constellations qui présidaient successivement aux trente-six décades ou périodes de dix jours, suivant son lever héliaque; une trente-septième décade enjambait d'une année sur l'autre, en sorte que deux années formaient soixante et treize décades. Ces astérismes[3], qui sont l'origine des

avons signalée sur les monuments de la XIIe dynastie; la variante rapportée par Champollion est plus récente; elle est identique, car égale dans le sens de «sur, au-dessus, excédant.» (Voyez notre lettre à M. Maury, *Revue archéologique*, 1847.)

[1] Voyez la planche VI.

[2] La seule exception connue est celle de la stèle de Sân, qui a été érigée sous *Ramsès II* et rappelle l'an 400 d'un roi antérieur.

[3] Leur nom est *χabes-u*, qu'on compare avec le copte ϧⲏⲃⲥ «lampe, lumière.»

	Hiératique.	Démotique.		Hiératique.	Démotique.
1er			11		
2			12		
3			13		
4			14		
5			18		
6			20		
7			25		
8			27		
9			29		
10			30		

Hiératique très-ancien.

Le 12

Noms des Saisons.

	Hiérogl.	Hiératique.	Démotique.	
1re				
2e				
3e				

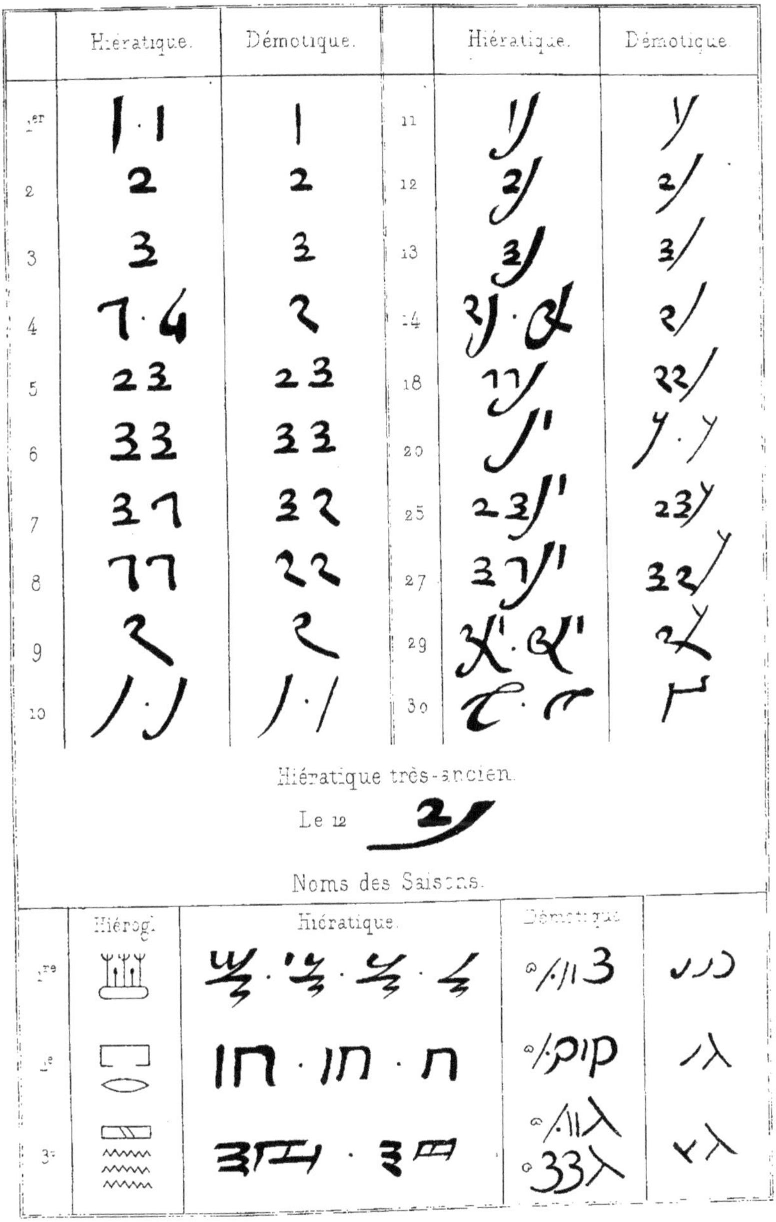

décans des astrologues alexandrins, formaient le calendrier stellaire d'une année fixe, commençant au lever de Sothis; il explique la division en décades ∩☉ qu'on remarque sur divers monuments.

FIN DU DEUXIÈME FASCICULE.

BIBLIOTHEQUE NATIONALE DE FRANCE
3 7502 01136552 7

www.ingramcontent.com/pod-product-compliance
Ingram Content Group UK Ltd.
Pitfield, Milton Keynes, MK11 3LW, UK
UKHW020330230726
13925UKWH00002B/728

9 782014 428766